깨달음,

열 번째 돼지 찾기

심성일 지음

깨달음,
열 번째 돼지 찾기

잃어버리지 않은, 그리하여 찾을 수 없는

침묵의 향기

머리말

벗이여, 기억하는가?

어릴 적 교과서에 실려 있던
아기 돼지들의 소풍 이야기.

아기 돼지 열 마리가 소풍을 갔다.

날씨는 화창하고 바람은 선선하여,
아기 돼지들은 휘파람 불며 즐겁게 소풍을 떠났다.

개울가 외나무다리도 건너고 어지러운 덤불숲도 지나서
드디어 목적지에 도달하였다.

그러고는 행여나 길 잃은 친구는 없는지
아기 돼지들은 숫자를 세어 보았다.

첫 번째 돼지가 세어 보았다.
하나, 둘, 셋, 넷, 다섯, 여섯, 일곱, 여덟, 아홉.

이런, 한 마리가 없다!

두 번째 돼지가 다시 세어 보았다.
하나, 둘, 셋, 넷, 다섯, 여섯, 일곱, 여덟, 아홉.

이렇게 나머지 돼지들이 모두 세어 보았지만,
여전히 한 마리 돼지가 없었다.

돼지들은 덜컥 겁이 났다.

외나무다리를 건너오다 물에 빠진 것은 아닐까?
덤불숲을 지나오다 길을 잃어버린 것은 아닐까?

없어진 열 번째 돼지 때문에
아기 돼지들은 모두 걱정과 불안으로 엉엉 울고 말았다.

즐거워야 할 소풍은
마침내 비극이 되고 말았다.

그때,
이 모양을 멀리서 지켜보고 있던
어떤 사람이 다가와 이렇게 말했다.

"너희들 각자가 바로 그 열 번째 돼지란다."

그제야 돼지들은 자기 자신을 빼놓고
나머지 돼지들의 숫자만 세었다는 사실을 깨달았다.

가장 중요한 '자기 하나'를 빼놓았던 것이다.

벗이여,

열 번째 돼지는
애초에 잃어버린 적이 없고
다시 찾은 적도 없다.

그저 자기가 자기를 빼놓았을 뿐이다.
단지 자기가 자기를 망각했을 따름이다.

삼라만상에서 오직 자기만을 발견하라.
자기를 빼놓고서는 어떤 것도 완전할 수 없다.
드러난 모든 대상은 자기로 인해 완성된다.

그러므로
모든 것이 자기다.
자기만 있으니 자기는 없다.
나 있음이 곧 나 없음이다.

벗이여,

이제 이 세상 소풍을 맘껏 즐기기 바란다.
아무것도 잃어버린 것은 없고
어떤 것도 되찾아야 할 것은 없으니.

2015년 맹춘(孟春) 금정산 아래에서
심성일

차례

머리말 •4

1. 이야기, 꿈같고 환상 같은 •11

2. 언제나 항상 이 자리 •49

3. 있는 그대로 •175

후기 •293

1

이야기,
꿈 같고 환상 같은

01
광인狂人과의 만남

　이제는 한물간 표현인지 모르겠지만, 나는 이른바 486세대[1]다. 내 또래들이 대부분 그러했듯이 나도 대학 시절 나라와 사회에 대한 고민들 중 하나를 화두로 간직하고 살았다. 그 시절 내 마음을 사로잡았던 것은 가진 자와 못 가진 자로 극명하게 나뉜 채 부조리하게 돌아가는 세상을 변혁하고자 하는 열정이었다. 그래서 분별력 있는 이성의 힘으로 세상의 불합리함에 맞서 투쟁하는 것이야말로 의롭고 참된 일이라 믿었다.

　또 불합리한 현실 사회에 무관심한 종교는 민중의 아편이란 비난을 받아 마땅하다고 생각했었다. 특히 여러 종교 가운데서도 불교를 비근대적이고 미신적이며 주관적 유심론의 허무주의라고 생각했다. 적과 동지가 분명한 시대에 '분별없는 마음'이니 '불이(不二) 법문'이니, '인욕바라밀'이니 무조건적인 '자비'의 사상이

1　40대로서 80년대에 대학을 다녔고 60년대에 출생한 세대.

니 하는 것은 나에게 현실도피로밖에 비춰지지 않았던 것이다.

그러나 90년 이후 소비에트와 동구권 공산주의의 몰락을 보면서 우리들이 80년대에 가졌던 절대적 이상 중에서 무엇이 잘못되었는지를 반성하게 되었다. 인간이 합리적인 이성에 의해 물질적 탐욕과 부도덕한 자기애에서 벗어날 수 있다고 판단했지만 그것은 애초부터 불가능했던 일이 아니었나 하는 생각이 들었다. 그러면서 차츰 인간의 마음, 나 자신의 내면세계에 관심을 갖기 시작했다.

스물아홉이 되던 해 여름이었다. 직장 동료로 절친하게 지내던 분이 대전에서 결혼식을 올리게 되었다. 예식 시간보다 조금 일찍 대전역에 도착한 나는 시간을 보낼 곳을 찾다가 우연히 불교용품점에 들어가게 되었다. 이것저것 구경하다가 기념으로 책이나 한 권 사려고 주인아저씨께 자문을 구했더니,『천수경 이야기』라는 얄팍한 책 한 권을 골라 주었다.

예식을 마치고 부산으로 돌아가는 기차 안에서 나는 절에서 본 천 개의 손과 눈을 가진 관세음보살이 미신적 숭배 대상이 아니라, 고통의 바다에서 허덕이는 중생을 제도하려는 보살의 이타심이 상징적으로 표현된 것임을 난생처음 알게 되었다. 그리고 그러한 보살들이 구현하려는 정토(淨土)나 불국토(佛國土)야말로 모든 중생이 자유와 평등을 누릴 수 있는 참 세상이라는 것을 알게 되었다. 말 그대로 '위없이 깊고 오묘한 진리는無上甚深微妙法 백천만겁이 지나도 만나기 어려운데百千萬劫難遭遇 이제야 내가 듣고 보고 지니게我今聞見得受持' 된 것이다.

『천수경』에서 비롯된 불교에 대한 관심은 그 후에도 계속되어 주로 책을 통해 불교 철학 전반으로 넓혀졌다. 2년 동안 혼자서 『아함경』과 반야경전을 거쳐 『법화경』, 『능엄경』, 『화엄경』, 『대승기신론』을 비롯해 여러 유식론소와 관련된 철학서를 섭렵하게 되었다. 이러다 보니 이제 불교를 웬만큼 안다는 생각이 들었다. 그러면서 스님들이 하시는 법문도 내 나름대로 저울질하는 아만심(我慢心)까지 생겨나기 시작했다. 게다가 불교는 단지 철학일 뿐 종교가 아니라는 생각이 들어, 불단에 정성껏 공양물을 바치고 쉼 없이 절하는 불자들을 보면 측은하게 여기는 어리석음에 빠져 있었다.

그러던 가운데 『임제록』과 『육조단경』을 공부하며 선(禪)을 접하게 되었다. 하지만 선을 참구한 것이 아니라, 여전히 여러 조사어록과 법어집, 수행담을 읽으면서 선에 관련된 지식을 쌓았다. 언제나 논리적이고 이성적인 사유만이 진리로 가는 첩경이라고 믿었던 나에게, 비록 문자를 통한 것이었지만, 선은 하나의 커다란 충격이었다. 어록에서 본 선문답들은 너무나 어이없는 비약과 모순, 비논리성을 띠고 있어 아무리 머릿속으로 생각해 보아도 도무지 이해할 수가 없었다.

그렇게 조사어록을 뒤지며 나름대로 화두를 풀이하고, 선객들의 문답을 논리적으로 설명하려는 노력을 기울이던 서른한 살 되던 해 봄, 우연히 집 근처에 있는 석불사라는 암자를 찾게 되었다. 이때는 이미 선과 불교에 대해 어느 정도 알았다고 생각하고는 인도 명상가들의 책들을 뒤적이던 무렵이었다. 자기탐구[2]를 내세운 라마나 마하리쉬의 『있는 그대로』라는 책을 옆구리에 끼고 석불사 마애관세음 보살상을 구경하며 있을 때였다.

한참 멍하니 불상을 구경하고 있는데 누군가 나를 지켜보고 있다는 느낌이 들어 주위를 살펴보았다. 조금 떨어진 곳에서 이상한 중년 남자가 줄곧 나를 뚫어져라 바라보고 있는 것이 눈에 띄었다. 검은 얼굴에 눈은 황달기가 있는지 누렇고, 목에는 아주머니들이나 두를 것 같은 화려한 색깔의 스카프를 맨, 첫눈에도 제정신이 아닐 것 같은 사람이었다. 나는 애써 무시하고 눈길을 다른 곳으로 돌리려는데 그 사람이 말을 걸어왔다.

"여보시오, 처사! 그게 무슨 책이오?"

---

[2] '나는 누구인가?'라는 답할 수 없는 질문을 통해 본래 존재하는 침묵(참나)과 하나가 되는 방편.

내가 들고 있던 책이 눈에 띄었던 모양이다. 나는 속으로 귀찮았지만 당신 같은 사람은 봐도 모를 책이라는 듯 대답 없이 슬쩍 책 제목을 보여 주었다. 그러자 그 미친 사람처럼 보이는 중년 남자가 이렇게 말하는 것이었다.

"『있는 그대로』라, 참 제목이 좋구려! 그래, 책은 읽어서 알 테지만, '있는 그대로'의 처사 자신을 알고는 있으시오?"

순간, 소름이 돋고 머릿속이 휑하니 비는 듯한 느낌이 들었다. 재빨리 정신을 차리고 예전에 읽었던 조사어록과 선 관련 철학서들의 내용을 머릿속으로 헤아리기 시작했다.

그러자 중년 남자는 "처사, 처사는 지금 어디 있소?"라고 다시 물었다.

여전히 내가 아무 말도 못하자 그 남자는 혀를 끌끌 차며 마지막 한마디를 남기고 자리를 뜨는 것이었다.

"쯧쯧, 업장이 두터워서 안 되겠군……."

나는 어서 따라가 그 남자를 붙잡아야 한다는 생각이 들었지만 어찌 된 일인지 다리에 힘이 탁 풀려 그 자리에 얼어붙은 듯 서 있을 수밖에 없었다. 그러고는 그 남자가 유유히 사라지고도 한참이 지나서야 겨우 걸음을 떼어 절에서 내려올 수 있었다.

사시나무처럼 떨리는 다리로 내려오면서, 그렇게 수년을 걸려 수많은 경전과 어록, 논서, 철학서를 읽고도 "너 자신이 누구냐?"라는 단순한 물음 앞에 왜 한마디도 못했을까 자문하니, 그동안 쓸모없는 지식을 가지고 우쭐했던 나 자신이 너무나 부끄럽고 한심스러웠다. 똥 덩이를 금덩이로 착각하고 주무르고 있던 나 자신의 적나라한 모습을 그 사람 덕분에 새삼 깨치게 된 것이다.

02
길을 찾아 나서다

　석불사에서 내 공부가 잘못되었음을 깨닫고는 이런저런 수행법을 시도해 보기로 마음먹었다. 기공(氣功) 서적을 읽을 때는 기공을 해 보고, 인도 명상 서적을 읽을 때는 만트라나 차크라에 의식을 집중하는 수행을, 위빠사나 관련 서적을 읽을 때는 수식관이나 부정관법을 흉내 내고, 간화선 서적을 읽으면서는 화두를 잡아 보았다.

　하지만 무엇이든 논리적이고 합리적으로 이해한 다음에야 행동에 옮기는 나의 몹쓸 버릇 때문인지 화두에 대한 의심이 전혀 일어나지 않았다. 그래서 과학적인 수행법인 듯 생각되는 신선도나 일반 명상 수행의 호흡 수련과 같은, 의식을 집중하는 수련을 하게 되었다.

　그러던 중 어느 날 홀연히 육체적 감각이 모두 사라지고 오직 의식만 또렷한 경계가 나타남을 느끼게 되었다. 짧은 순간이었지만 마치 허공에 '나'라는 의식만 둥둥 떠 있는 듯한 그 느낌은 말로 설명할 수 없이 편안했다. 그러나 그 이후로 그런 경계는 두 번 다시 나타나지 않았고, 그럴 때마다 왜 그 상태에 들어가지 못하는가 하는 초조감에 시달리면서 수행법을 바꾸기까지 했다. 어떤 경계에 집착해 서두르면 서두를수록 오히려 수행에 대한 회의와 자신감만 잃어 갈 뿐이었다.

1년 동안을 그렇게 허송세월한 뒤 우연히 인터넷을 검색하다 백련암 여름 수련회 공지를 발견했다. "네 마음을 부수고 오너라."라는 글귀가 맘에 들어 즉시 전화를 걸어 신청했다. 더 이상 누구의 지도나 조언 없이 혼자 수행을 해 나갈 수는 없다는 생각이 들었기에, 이 기회를 통해 다른 사람들과 어울리면서 자기 자신의 수행을 돌이켜 볼 수 있기를 기대하며 수련회를 기다렸다.

드디어 수련회 날 백련암에 도착하자 백련암 수련회의 전통이라면서 삼천 배를 하라는 것이었다. 평소 불교에 대해 이해가 낮은 사람들의 기복적 신앙 형태라고 폄하했던 절을 삼천 번이나 해야 한다는 사실을 알고는 수련회 참가에 대한 성급한 후회가 들었다. 점심 공양이 끝난 뒤 삼천 배가 시작되었다. 처음 5백 배가 끝나고 20분간의 휴식 시간이 주어졌을 때, '이 무슨 어리석은 짓인가, 이런 행위가 과연 무슨 도움이 될 것인가.'하는 회의감이 몰려왔다. 절을 하면 할수록 점점 몸가짐이 흐트러지고, 온몸의 진액이 모두 땀으로 나와 좌복이 온통 땀으로 젖고 몸뚱아리가 천근만근이나 되는 것처럼 여겨졌다.

겨우 삼천 배를 마치고 다음 날 원택 스님에게 오계를 받았다. 수계식이 끝나자 지도 법사님이 참가자들과 담소를 나누면서 화두 참구하는 방법에 대해 들려주었다.

"'마삼근' 화두가 수련회 참가자 여러분에게 주어졌는데, 어느 스님이 동산 스님에게 와서 '부처가 무엇입니까?'라고 묻자, 동산 스님이 '삼 서 근'이라고 답한 데에서 이 화두가 비롯되었습니다. 화두를 들 때, 그냥 '마삼근', '마삼근' 하고 염불하듯 하는 것이 아니라, '부처를 물었는데, 어째서 삼 서 근이라고 대답했는고' 하는 의심을 일으켜야 합니다. '마삼근'이란 언구에 끄달리지 말고 '마삼근'이란 말이 나온 자리, 동산 스님의 마음자리를 의심해야 한다 이겁니다."

지도 법사님의 설명을 듣자 그동안 내가 한 수행이 얼마나 잘못된 것이었나를 다시 한 번 깨달을 수 있었다. 나는 그때까지 '화두'를 무슨 퀴즈 풀 듯 그 언구에 알맞은 대답을 구하는 것이거나, 주력이나 염불처럼 잡념을 떨치는 방편쯤으로 잘못 알고 있었다. 백련암 수련회를 계기로 나는 수행에 있어서 지도자와 도반의 중요성에 대해 새삼 눈뜨게 되었다.

혼자서 책을 통해, 또는 어디서 얻어들은 짧은 소견으로 수행하다 보면 자칫 같은 자리를 맴도는 우를 범하거나, 정법과는 전혀 동떨어진 삿된 경계에 끄달릴 위험이 있다는 것도 깨달았다. 그리고 선을 배우고 수행한다는 것은 세속의 학문을 하듯 머릿속을 알음알이로 채워 나가는 것이 아니라, 오히려 자신의 본래 모습을 뒤덮고 있는 분별과 망상을 차츰차츰 덜어 나가는 것이라는 것도 알게 되었다.

백련암 수련회를 계기로 부산 동대신동에 있던 ○○불교문화원 참선반에 들어갔다. ○○불교문화원은 ○○법사라는 재가 거사가 운영하는 조그마한 단체였는데, 주로 성철 스님의 가르침을 철두철미하게 따르는 수행공동체였다. 주 2회 퇴근 후 7시부터 10시까지 좌선과 차담을 나누었다.

화두 참구는 참 어려웠다. 좌복 위에서 버티는 일도 고통스러웠지만 무엇보다 견디기 힘들었던 것은 아무리 해도 화두에 대한 의정이 일어나지 않는 것이었다. 몽중일여, 오매일여는 고사하고 동정일여조차 이루기 불가능한 것은 아닐까, 방선(放禪)을 하고 늦은 밤 집으로 돌아갈 때마다 좌절감과 열패감이 찾아왔다.

03
선지식을 만나다

2001년 가을, 아버지가 갑작스레 돌아가셨다. 공부도 진전이 없어 막막하기만 했다. 미친 듯이 산속을 헤매 다녔다. 숨 가쁘게 움직이고 있어야만 허다한 망상에서 벗어날 수 있었기 때문이다. 백양산을 혼자 돌아다닐 무렵이었을 것이다. 나를 인도해 줄 선지식을 만나기를 마음속으로 기원했던 것. 그 탓이었을까? 그 해가 다 갈 무렵 인터넷에서 선어록을 강의한다는 공고 하나를 발견했다. 부산대학교 박사 출신의 한 재가 거사가 『임제록』, 『서장』 같은 어록을 강의한다는 것이었다. 당시만 해도 수행을 제대로 하려면 출가를 해야 하며, 재가에서, 특히 대학 강단에 서는 사람들은 학자들이지 실제 수행에 대해서는 문외한이라고 치부하고 있던 나는 선어록을 읽기 위한 한문이나 배워 볼 생각으로 모임에 참석하기로 했다.

첫 번째 모임에는 사정이 있어 참석 못하고 해를 넘겨 2002년 1월 초 두 번째 모임에 참석했다. 한때 홀로 좌선하던 불교회관 2

층의 어느 찻집이었다. 예닐곱 명 되는 남녀가 모였고, 키가 크고 안경을 낀 무뚝뚝해 보이는 40대 남성이 이 모임을 지도하고 있었다. 그 당시 내 꼬락서니는 머리를 스님처럼 빡빡 깎고 검은 물을 들인 두루마기 한복을 입고 있었으니 영락없는 스님 형색이었다. 나름 공부하는 수행자입네 하는 아상을 팍팍 풍겨 대고 있었던 것이다. 그런데 한 시간 동안 『전심법요』를 교재로 한 강의를 듣고 나서 내 모든 편견은 순식간에 사라졌다. 그동안 스스로 알아차리지 못한 채 읽었던 선어록과 실제 수행 사이의 괴리와 모순이 한순간 말끔하게 정리되었다. 마치 난잡하게 어질러져 있던 방 안이 깨끗하게 치워진 것과 같은 느낌이었다.

한 시간의 설법이 끝나고 개인적인 질문을 한두 개 했던 것 같다. 그분의 답변은 내 질문에 대한 개념적인 설명이 아니라 질문 자체를 단도직입적으로 가리켜 보이는 식이었고, 그 후로 질문을 할 수가 없었다. 두 시간째 설법이 끝나고 돌아오면서 드디어 내가 찾던 선지식을 비로소 만난 기분이 들었고, 어서 다음 주가 오기를 기대하게 되었다. 첫 만남에서 그동안 해결하지 못했던 많은 부분들, 실타래처럼 얽혀서 갈수록 갈피를 잡을 수 없었던 개념들이 단칼에 정리된 듯하였다. 일정한 공간이 없었던 모임은 찻집과 부산대학교의 빈 강의실을 전전하다가, 그 해 8월 남산동 주택가 2층에 조그마한 공간을 마련하게 되었다. 그게 바로 ○○선원이었다.

2002년 8월, 선원이 개원하고 여러 가지 일손이 필요할 때인지라 비교적 시간이 많은 내가 선원 일을 돕게 되었다. 지금도 생각하면 내 일생에 가장 행복했던 순간들이 선원 일을 도우며 보냈던 시절이다. 주택가 2층의 한 건물을 리모델링해서 한 칸은 법당으로 쓰고 한 칸은 사무실로 썼다. 가끔 선원에서 식사를 할 때에는 자취 경력이 비교적 많았던 내가 주방장 노릇을 하기도 했다. 노후한 건물이어서 하수구가 자주 막히곤 했는데 하수구 막힌 것을 뚫는 일에도 이력이 났던 기억이 있다.

직업이 교사인지라 방학 때면 거의 선원에서 살다시피 하였다. 초창기에는 선원 일을 돕는 대학원생과 나를 비롯한 소수가 선생님과 함께 『마조록』, 『육조단경』이나 『조당집』, 『전등록』 등을 원문으로 강독하는 공부도 했고, 가끔 니사르가다타 마하라지(Nisargadatta Maharaj)의 영어 원서를 같이 읽기도 했다. 주로 수요일과 토요일에는 대중 법회가 있었고, 수시로 각종 어록을 보며 소참 법문을 듣기도 했다. 점심을 먹고 나서 금정산으로 산책을 가기도 했다.

선원 초기에는 선생님의 법문을 녹음하여 업체에 맡겨 복사를 해서 필요로 하시는 분들께 팔아 선원 운영비를 충당했는데, 나중에는 복사 기계를 사다가 선원 일을 돕는 이들이 돌아가며 테이프를 만들었다. 지금도 서넛이 둘러 앉아 복사한 테이프에 라

벨을 붙이는 작업을 하던 기억이 떠오른다. 처음에는 10~20명 안팎의 사람들이 모여 공부하던 선원은 2003년 1월부터 시작된 『금강경』 법회부터 사람들이 많이 모이기 시작했다.

훗날 이 법회의 법문을 녹취하여 『선으로 읽는 금강경』이란 책으로 출간하기에 이르렀다. 아마 선생님의 저서 가운데 가장 널리 알려진 저서 가운데 하나인 걸로 알고 있다. 특히나 이 책을 읽다가 자기 본성을 체험하신 분들이 여럿 나와, 이 책이 나오는 데 일조한 나로서도 특별한 애정이 가는 책이 아닐 수 없다. 토요일 법회가 끝나면 집으로 돌아와 1시간 분량의 녹음을 녹취하는 데 3~4시간 걸렸던 기억이 난다. 그때는 힘든 줄도 모르고 어떻게든 한 번 더 법문을 들어 보려는 심정으로 그 일을 했던 것 같다.

04
거사님

1월부터 선생님의 모임에 나가면서 이상한 체험들을 하게 되었다. 이른 아침에 잠에서 깰 무렵, 문득 이상한 기분이 들면서 온몸이 저절로 진동하는 것이었다. 선생님 법문에서 '이것'을 한 번 체험해야 한다는 말을 자주 하셨기에 행여 이러한 것이 그 체험이 아닐지 여쭈어 보았지만, 그런 체험은 좋은 것도 아니고 나쁜 것도 아니니 신경 쓰지 말고 법문에 귀를 기울이라는 답변을 주셨다. 그런 체험은 그 후로도 종종 나타났다.

기억에 남은 체험 가운데 하나는, 어느 날 꿈을 꾸었는데 꿈속에서 나는 선생님을 모시고 어느 모임에 참석했다. 그런데 어떤 무례한 청년 하나가 선생님께 "어떻게 해야 깨닫게 되는 겁니까?" 하며 악에 바친 목소리로 따져 물으며 땅바닥에 드러누워 발버둥을 치는데, 그 순간 가슴이 활짝 열리며 지극한 황홀경에 빠져 들었다. '그래, 이거야, 바로 이거야!'란 생각이 불쑥 올라오면서 꿈에서 깨어났다. 이 이야기도 여쭤 봤더니 꿈속에서 말고 깨어 있을 때 깨달아야 한다고 하셨던 기억이 난다.

가장 인상적인 체험 가운데 하나는, 어느 날 문득 잠에서 깨었는데 온몸이 떨리는 체험이 올 때 느껴지는 기분이 살포시 들더니 몸 아래쪽에서 어마어마한 기운이 몸을 관통해 머리끝으로 치솟아 올라가는 체험을 했다. 엄청난 전류와 같으면서도 지극히 부드럽고 황홀한 기운이 거세게 몸을 통과하면서 온몸이 떨리고 고막이 저절로 진동하며 종소리와 같은 소리를 냈다. 거의 한 달에 한 번 정도 이 체험이 찾아왔다. 그러나 이 체험 역시 하나의 경계일 뿐 깨달음의 체험이 아니라고 했다.

그러던 중 2002년 5월, 선생님의 권유로 선생님의 스승 되시는 ○○거사님을 처음 뵙게 되었다. 매주 일요일 3시에 노포동 산중턱의 우거(寓居)에서 거사님의 법문을 오래 들어 오신 노(老) 제자분들의 법회가 있었는데 거기에 가 볼 것을 권하신 것이다. 아마 어떻게든 공부해 보려던 내 모습이 안타까워 보이셨던 모양이다. 거사님의 첫인상은 연분홍빛 피부에 하얀 머리카락, 라마나 마하리쉬처럼 맑고 형형한 눈동자를 가진, 팔순의 노인이라 믿기 힘든 에너지를 가진 분이셨다. 알아듣기 힘든 사투리와 노인 특유의 발음이었으나 선생님과 다른 열정으로 두 시간 가까이 법문을 하셨던 기억이 난다.

나중에 알게 된 사실이지만 거사님은 1922년 황해도 연백군 해성면 해남리에서 출생하셨다. 어린 시절을 일본에서 보내시고 2차 대전 때 일본군으로 징집되어 남양군도에서 위생병 생활을 하시다 해방 후 20대 중후반 귀국하여 부산에서 생활하셨다. 세속 생활보다 출가를 희망하시던 40대 중후반 어느 여름날 저녁, 절에 가기 위해 양치를 하다가 가슴에서 바윗덩이 같은 것이 굴러 내려가며 시원하게 뚫리는 체험을 하셨다 한다. 그 후 부산대 앞에서 하숙집을 하시면서 인연 있는 분들과 법회를 가지던 중 대학원 박사 과정 중이던 선생님을 만나게 되었다 한다.

어쨌거나 이런저런 체험이 오갔고, 선생님과 거사님의 법문을 번갈아 들으며 공부에 박차를 가했지만, 여전히 스스로 명확한 것이 없이 깜깜했다.

05
절망

내가 한참 공부에 몰두할 2001년 무렵, 나의 아내는 「제비연못」이란 단편소설로 고향인 제주도의 한 지방지 신춘문예 소설 부문에 당선되었다. 대학 다닐 때부터 소설가가 꿈이었던 그녀로서는 당연한 결과였을 것이다.

1998년 결혼한 우리 부부는 1999년 첫 딸을 낳았다. 그 당시 불교에 미쳐 있던 나로 인해 우리 가족은 주말이면 이 절, 저 절로 돌아다녔다. 나야 좋아서 돌아다닌 것이지만 아내와 갓난아이는 그저 남편 따라, 아빠 따라 고생을 한 것이다.

언젠지 정확히 기억이 나지 않지만, 한동안 이상한 꿈을 계속 꾸었던 적이 있다. 사람들로 가득 찬 버스를 타고 산길을 굽이굽이 올라갔다. 드디어 버스가 멈추어 서고 나만 버스에 내려 앞을 보면 아득한 안개 사이로 거대한 일주문이 서 있는 꿈이었다.

어느 날 아침 밥상머리에선가 나는 여느 때처럼 "여보, 아무래도 나 출가해야 할 것 같아." 하고 중얼거렸다. 아마 그전부터 그런 말을 자주 했으리라. 그러나 그 당시에 나는 전혀 주위 사람의 심정이나 그런 것들을 헤아리지 못한 채 내 문제에만 매달려 있었다. 갑자기 아내가 젓가락을 집어 던지며 눈물 섞인 목소리로 "그래, 가라, 가! 가 버리라구!" 하는 것이었다. 나는 잠시 넋을 잃었다. 얼마 지난 뒤에서야 이제 막 첫 아이가 생긴 가장으로서 참 무책임한 말과 행동을 하고 있었다는 사실을 깨닫게 되었다.

출가는 포기했지만 답답한 심정을 어쩌지 못해 어디 수행하는 단체가 있다더라 하면 주말을 이용해 찾아다니고, 휴가 때면 사찰 수련회나 선방에 들어갔다. 그러던 내가 선생님을 만나면서부터 더 이상 방황하지 않게 되자 아내도 그 변화를 눈치 챈 모양이다. 그때가 아마 2002년 말이나 2003년 초일 것이다.
어느 날 아내가 물었다.

"당신 요즘 무슨 공부하러 다녀?"
"응, 불교 공부."
"그게 무슨 공부인데?"

나는 불교에 대해 별로 아는 바 없는 아내에게 마땅히 해 줄 말이 없어서 책꽂이에 있던 『달라이라마의 행복론』을 꺼내 주며 말했다.

"이 책 한번 읽어 봐."

며칠 뒤 책을 다 읽은 아내가 내게 말했다.

"이런 공부라면 나도 하고 싶다."

그 당시 내 생각에 선생님의 설법은 불교나 선에 대한 상식이 없는 이에게는 어렵겠다 싶어 대구 ○○○선생님이 한 달에 한 번 부산에서 갖는 도덕경 모임을 추천해 주었다.

몇 번 도덕경 모임에 나갔던 아내가 선원을 다니게 된 것은 2003년 3월쯤으로 기억된다. 아내는 꾸준히 선원에 나가 법문을 듣고 시간 날 때마다 녹음테이프를 이어폰으로 들었다.

5월쯤인가 잠자리에서도 이어폰을 빼지 않고 있던 아내가 갑자기, "어어, 여보, 여보……." 하는 것이었다. 나는 무슨 일인가 싶어 살펴보려는데 자기에게 손을 대지 말라고 했다. 잠시 후 아내가 어떤 체험을 했다고 말하는데 내가 했던 체험과 비슷하면서도 다른 체험이었다. 나는 선생님을 만나면 여쭤 보라고 했다.

그러고 얼마 지나지 않아 선생님이 아내가 제대로 체험한 것 같다는 말씀을 해 주셨다. 아내 역시 뭔가 달라져 있었다. 선원 다닌 지 서너 달이나 지났을까? 그러나 아내의 체험과 변화보다 더 놀라운 일은 그 사건을 받아들이는 나의 심정이었다. 함께 기뻐하고 축하해 주기보다 내면 깊은 곳에서의 솔직한 심정은 너무나 화가 나고 질투가 났다.

어떻게 이런 일이 가능하단 말인가? 왜 내가 아니고 아내란 말인가? 그동안 책을 읽었어도 몇 십 배, 몇 백 배를 더 읽었고, 수행을 해도 더 했고, 선생님의 법문을 들은 것만 해도 1년 반이 넘게 들었는데, 어떻게 이럴 수가 있단 말인가? 정말 하늘이 노래지고 땅이 꺼지는 듯한 좌절감이 찾아왔다. 더 곤혹스러웠던 것은 이런 저열한 감정을 행여나 들킬까 봐 드러낼 수도 없다는 것이었다. 그 알량한 자존심을 지키려고.

그날 이후로 나는 아내의 눈을 똑바로 쳐다보지도 못했다. 퇴근하면 곧장 내가 평소 책을 읽거나 좌선하던 작은 방으로 들어가 문을 닫고 혼자 울었다. 너무 기가 차고 억울하고 분하니까 눈물이 저절로 나왔다. 어째서 나는 안 된단 말인가? 내가 뭐가 부족하단 말인가? 나중에 그 시절 이야기를 하니까 아내는 나의 그런 심정을 전혀 눈치 채지 못했다고 한다. 그 당시 나는 차라리 죽어 버릴까 하는 극단적인 생각도 했었다. 마음속으로는 수없이 천길 벼랑 끝에서 뛰어내리고 있었다.

　어찌 되었건 그때 나의 심정은 정말 나락 끝까지 떨어진 듯한 기분, 완전한 절망이었다. 자포자기랄까, 이래도 안 되고 저래도 안 되는구나, 하는 심정. 평소와 같이 아침엔 출근했다가, 저녁이나 토요일엔 선원에 갔다가, 일요일이면 거사님 법문을 들으러 갔지만, 나는 마치 넋이 나간 사람이나 허수아비처럼 기계적으로 움직일 뿐 어떤 의지나 생각을 일으킬 여력마저 남아 있지 않게 되었다. 그렇게 다시 서너 달이 어떻게 흘러가는지도 모르게 흘러갔다.

06
시계 소리

그 날도 별다를 것 없는 거사님의 법문이 계속되고 있었다. 1년도 넘게 들은 법문은 그 법문이 그 법문이어서 조금도 새로울 것이 없었고, 나는 예전처럼 꾸벅꾸벅 졸고 있었다. 법문이 시작되고 한 30분이나 지났을까? 거사님이 죽비를 들어, 책을 받쳐 둔 놋쇠로 된 상 언저리를 두드리는 소리에 졸음에서 깨어났다.

탕! 탕! 탕!

"이렇게 두드려야만 소리가 납니다. 작용을 해야 이런 소리가 나는 겁니다."

그러시더니 죽비를 방바닥에 놓고 손을 뒤로 감추시고 말씀하셨다.

"자, 이래도 소리가 납니까? 지금도 소리가 나고 있어요. 어디서 두드리고 있습니까?"

아직 졸음이 채 가시기도 전인데 평소와 달리 거사님은 나에게 다잡아 물으시는 것이었다. 나도 모르게 대답이 나왔다.

"시계가 똑딱똑딱합니다."

놋쇠 상 위에는 법문 시간을 맞추기 위한 탁상시계가 째깍째깍 가고 있었다. 대답은 그렇게 하였으나 그 시계 소리를 생각하여 대답을 한 것은 아니었다. 그냥 그런 말이 저절로 나왔다.

"분명합니까? 이제 이것을 이해할 수 있겠어요?"
"네."

도대체 무슨 일이 벌어지고 있는 것인가? 대답을 하면서도 나는 내가 무슨 말을 하고 있는 것인지 정확히 몰랐다.

"언제부터 이것을 알기 시작했습니까?"
"잘 모르겠습니다."
"이것이 분명하다면 이걸 놓치지 말고 꾸준히 공부하세요."

법회는 그것으로 흐지부지 끝나게 되었고, 거사님은 물론 주위의 노 제자 분들도 축하와 격려의 말씀을 해 주셨다. 그런데 정작 나 자신만은 도대체 무슨 일이 어떻게 벌어진 것인지 어리둥절한 상태였다.

법회를 마치고 집으로 돌아가는 길에 늘 산책 삼아 걷던 산길로 접어들었다. '도대체 조금 전에 무슨 일이 있었지?' 하고 한 생각을 일으키는 순간, 마치 블랙홀 속으로 부드럽게 빨려 들어간다고 할까, 영화 속에서 얇은 막을 사이에 두고 전혀 다른 두 세계가 있는데 주인공이 하나의 세계에서 다른 세계로 스윽 들어가듯이 어떤 상태가 찾아왔다.

눈앞의 세계가 그대로 있으면서 사라졌다고 할까? 눈앞의 세계가 그대로 있으면서 말과 개념만 싹 사라졌다고 할까? 하수구 구멍으로 온갖 오수가 쑤욱 빠져 나가고 말끔한 바탕만 남았다고 할까? 어디라고 지정할 수 없는 하나의 소실점으로 모든 개념들이 쑥 하고 빨려 들어갔다고 해야 할까?

어쨌든 온 세상이 온통 한 덩어리로 경험되었다. 눈앞이 또렷했다. 모든 것들이 다 따로 있는 줄 알았는데 이것들이 그저 온통 하나라는 사실이 의심의 여지 없이 분명해졌다. 그러면서 동시에 '이것이구나! 이것이었구나!' 하는 환희가 솟아오르면서 천근만근 되는 짐을 부려 놓은 듯 몸과 마음이 너무나 가볍고 시원해졌다.

집으로 돌아오는 길은 마치 구름 위를 걷는 기분이었다. 그러면서 '이것은 너무나 당연한 것이잖아! 그동안 어떻게 이것을 몰랐단 말인가?' 하는 생각이 일어났다. 너무나 친숙하고 당연한 사실이었다. '그래서 이것을 본래면목, 참나라고 하는구나, 이것이 마음이구나!' 그동안 듣고 보고 읽었던 모든 내용들이 이 하나로 모두 귀결되면서 해소되었다. '이렇게 쉽고 간단한 것을!' 웃음이 나왔다.

어떻게든 선원 가까이로 오고 싶어 석 달 전에 이사한 집으로 1시간 정도 걸어서 도착했다. 평소와 같이 맞이하던 아내를 끌어안으며 말했다.

"고마워. 여보, 모두 당신 덕분이야."

아내는 뜬금없는 나의 행동에 크게 뜬 눈동자만 굴리고 있었다. 그때가 2003년 10월 중순이었다.

07
체험 이후

거사님의 법회에서의 체험 이후 첫 선원 법회에 참석했을 때다. 아마 수요일 저녁 법회였던 것 같은데, 법문 시간 내내 히죽히죽 웃음이 나오려는 것을 간신히 참았다. 이렇게 쉬운 말씀을 그동안 제대로 알아듣지 못했다는 사실이 너무나 신기했다. 맨 앞에 앉아 있었는데, 정말 다른 사람들은 지금 말씀하시는 것이 무언지 모른단 말인가, 자꾸 뒤돌아보며 확인하고 싶었다. 알지 못하는 것보다 모를 수 있다는 있다는 그 사실이 더 신기했다. 나 또한 불과 며칠 전까지는 넋 나간 허수아비처럼 그러했으면서 말이다.

체험 이후 많은 것들이 변화되었다. 일단 법문이나 어록의 말씀들과 공안들이 대부분 이해되었다. 예전에 읽었던 책들을 다시 읽어 보니 너무나 명확하게 정리가 되었다. 라즈니쉬는 약간 분명하지 못할 뿐더러 엉뚱한 소리가 너무 많고, 차라리 크리슈나무르티의 말이 좀 더 여법했다. 특이한 경계도 나타났는데, 예를 들면 우연히 『성서』를 읽다가 "하나님은 우리와 함께 계신다."와 같은 구절을 읽을 때 온몸을 황홀한 기운이 휩쓸고 지나는 듯한 느낌이 자주 나타났다. 선생님이 법문 중에 탁자를 톡톡 두드린다든지 눈앞의 진리를 직접 가리키는 대목에서 그런 반응이 왔다.

호흡이 깊어지고 길어져서 어느 때는 들이쉬는 숨이 끝없이 들어와 아랫배가 농구공처럼 팽창하기도 했다. 어떤 경우에는 길을 걷는데, 나는 전혀 움직이지 않는다는 느낌이 강하게 오기도 했다. 각성이 강렬하고 또렷해서 마치 눈앞에서 만질 수 있을 것 같은 느낌이 들기도 했다. 제일 신기했던 것은 마치 변신로봇이 합체하는 것처럼, 그동안 중구난방으로 익혔던 알음알이가 질서정연한 큐브 조각들처럼 자동으로 끼워 맞춰져서 모르는 게 없다는 기분이 드는 것이다. 심지어는 간혹 선생님의 법문이 마음에 들지 않거나 나라면 그렇게 말하지 않을 텐데 하는 아만심이 생겨나기도 했다. 훨씬 세월이 지나서야 이런 것들이 영적 체험 초기에 나타나는 부조화 내지 부작용이란 사실을 알게 되었다.

어쨌든 한편으론 깨달았다는 시원함과 약간의 우쭐한 기분이 있으면서도, 다른 한편 찜찜했던 것은 내가 확인한 소위 법이랄까, 진리란 것이 너무나 평범하고 당연한 사실, 아무것도 아니란 사실이었다. 그리고 그것이 늘 여여부동하지 않고 어떨 때는 불확실했다. 이것이 정말 구경인가, 더 이상 신비한 것은 없는가 하는 미세한 의심이 남아 있었다.

2003년 겨울, 백양사에 계시던 서옹 스님이 입적하셨다. 겨울 방학을 맞아 처가가 있는 제주도에 머물던 나는 서옹 스님의 인가제자 중 한 분으로 알려진 ○○스님의 ○○선원을 찾았다. 법당에 마련된 서옹 스님 분향소을 아내와 함께 찾아갔던 것인데, 마침 법당에 들어오시던 ○○스님과 만나게 되었다. 내가 아는 체를 하며 인사를 드리자 당신의 거처로 우리 일행을 안내했다. 간단한 수인사를 나누고 스님이 내주시는 보이차를 마셨다. 자연스레 공부 이야기를 하다가 이런저런 체험을 말씀드리면서 "이게 끝인가요? 더 이상 없습니까?"라고 여쭈었다.

그러자 ○○스님은 오히려 이렇게 되물으셨다.
"더 이상 없는 것 같은가, 있는 것 같은가?"

나는 "더 없을 것 같습니다."라고 말씀드렸다.

그 대답에 ○○스님은 특유의 느긋한 말투로 이렇게 말씀하셨다.
"'더 없을 것 같습니다'는 있잖아."

이 말씀의 깊은 뜻은 세월이 훨씬 지나서야 제대로 이해하게 되었다.

08
혼란

체험을 하고 어떻게 지냈는지 이제는 잘 기억조차 나지 않는다. 아마 한동안은 어떠한 경계를 즐기고 있었던 것 같다. 『서장』에서 과거 똑똑하다고 자부하는 사대부들이 이 공부를 쉽게 알고 체험 이후에 노력을 등한히 한다는 내용을 배웠으면서도, 막상 그 당시에는 '깨달음'이라는 것을 대상화하여 그것을 누리고 즐기려 했었던 것 같다. 견해가 놀랄 만큼 일목요연하게 정리가 되니까 공부란 이런 것이고, 공부의 과정은 이렇게 되고, 깨달음은 이런 것이다 등등을 나도 모르게 개념화하고 체계화하고 있었던 것 같다.

어쨌든 한 1년이나 지났을까? 어느 날 문득 이상했다. 분명하고 뚜렷한 느낌이 사라진 것이다. 눈앞에 또렷했던 경계가, 성성적적하다고 할까, 만질 수 있을 것 같던 각성 상태가 사라지고 예전과 똑같이 이것, 저것이 따로 있는 듯 느껴지는 것이었다. 조금씩 당황스럽고 혼란스러워졌다. 내가 깨달음을 잃어버린 것은 아닐까 하는 두려움이 밀려왔다. 가끔 선생님과 면담을 하면서 이런 사실을 여쭤 보기도 했지만 명확하게 해소가 되지 않았다.

그렇게 몇 년의 세월을 더 보냈던 것 같다. 시간이 지날수록 혼란은 더욱 커져서 내가 제대로 깨닫지도 못하고 착각을 했던 것은 아닌가 하는 생각마저 들었다. 무언가가 잘못되었다는 생각이 극도의 불안감을 가져왔다. 뭔가를 더 해야 하는 것은 아닌가 싶어 법문에 더욱 귀를 기울였으나 문제는 여전히 해결되지 못했다. 그러는 사이 남산동에 있던 선원은 규모가 더욱 커져 해운대로 이전하게 되었다. 그 시기 즈음에 스스로의 문제를 해결 못한 나의 어리석음으로 평생의 스승으로 생각했던 거사님과 선생님 곁을 제 발로 떠나게 되었다.

다시 어둠 속에 빠져든 것이다.

09
불이

선원을 떠나고 홀로 되자 다시 캄캄한 어둠 속에 떨어진 것 같은 심정이었다. 그러나 아무런 진전도 없이 선생님의 설법을 잘 들다 보면 어떻게 되겠지 하는 생각으로 주저앉아 있기에는 이미 돌아올 수 없는 강을 건넜다. 선원과 거사님 회상을 떠나고 몇 년 후 범어사에 산책을 갔다가 거사님을 우연히 만났다. 거사님은 나를 보며, "아이고, 심 주사(거사님은 나를 '주사主事'란 호칭으로 부르셨)요, 아이고 심 주사요……." 하며 안타까운 표정으로 부르셨다. 말씀하지 않으셔도 공부 길을 엇나간 나를 몹시도 걱정하신다는 사실을 알 수 있었다. 그러나 나는 간단히 안부인사만 여쭙고 거사님과 헤어졌다. 그것이 내가 뵌 거사님의 생전 마지막 모습이었다.

다시 미친 듯이 산속을 헤매 다녔다. 나의 힘으로 어찌할 수 없는 장벽을 다시 맞닥뜨린 기분이었다. 뭔가가 확연하지 않았다. 만족스럽지가 않았다. 동그라미에 이가 하나 빠져 있었다. 내로

라하는 다른 선지식들의 법문을 들어도 시큰둥했다. 이런저런 책들도 이제 싫물이 났다. 그러던 어느 날 어느 정신과학 전문잡지에서 이상한 글을 발견했다. 토니 파슨스(Tony Parsons)[3]라는 영국인의 짤막한 에세이가 번역되어 소개되었는데, 읽는 순간 내가 찾던 무언가를 이 사람은 알고 있다는 느낌이 들었다. 구글 검색을 통해 그의 웹사이트를 알아냈다. 공개된 동영상을 보는 순간 너무나 큰 충격을 받았다. 그는 너무나 분명하게, 너무나 쉽게, 둘 아닌 하나의 진리를 설파하고 있었다.

그것을 계기로 서구의 영적 지도자들에 대해 1~2년 정도 집중적으로 파고들었다. 그 무렵 토니 파슨스의 강연회에서 나와 같은 영적 딜레마를 해결한 얀 케르숏(Jan Kersschot)이란 벨기에인이 쓴 『This is IT』이란 책이 국내에 『있는 그대로 받아들여라』란 제목으로 소개가 되었다. 그 책에서 특히 얀처럼 토니 파슨스를 통해 문제를 해결한 네이선 길(Nathan Gill)이란 사람과의 대담이 내 문제 해결에 있어 중요한 전환점을 마련해 주었다. 얀과 네이선의 책들, 그리고 무엇보다 아디야샨티(Adyashanti)[4]란 인물을 알게 된 것은 큰 행운이었다. 이미 국내에도 잘 알려진 이 영민한 미국

---

[3] 1933년 런던에서 태어났다. 20살에 공원을 걷다가 자연스럽게 자신의 본성을 깨닫고는 소수의 친구들과 이 '공개된 진실'을 나누다가 1996년 이후 집필과 강연을 통해 본격적으로 대중들과 소통하기 시작했다.
www.theopensecret.com

[4] 1962년 미국 캘리포니아에서 태어났다. 본명은 스티븐 그레이(Steven Gray). 일련의 변화를 가져온 영적 깨달음 이후, 14년 동안 함께 공부해 왔던 선(禪) 스승의 요청에 따라 1996년부터 가르침을 베풀기 시작했다.

출신 영적 지도자의 책 『The End of Your World』(국내에선 『깨어남에서 깨달음까지』란 제목으로 소개되었다)가 결정적인 계기를 마련해 주었다.

그때가 2010년 무렵이었다. 결론적으로 말하자면 원은 완성되었다. 돌고 돌아 원래 있던 제자리로 돌아오는 데 많은 시간을 허비했던 것이다. 아니, 돌아와 보니 그런 일은 전혀 없었다. 어둠 속을 헤맸던 일이나 눈앞에 분명한 깨달음 속에 취해 있을 때나 아무런 차이가 없었다. 스스로가 스스로에게 속았을 뿐이었다. 처음 ○○불교문화원 다닐 때 성철 스님이 원택 스님에게 주었다는 좌우명을 복사해서 나누어 주었는데, '불기자심(不欺自心)'이란 글귀였다. 보통 '자기 마음을 속이지 마라.'고 뜻을 새기던데, '자기 마음에 속지 마라.'는 말로 풀어도 된다. 스스로가 일으킨 미세한 분별에 걸려 저 혼자 '얻었다/잃어버렸다'란 게임을 했던 것이다. 본래 얻을 수도 없고 잃어버릴 수는 더더욱 없다.

비일상적인 체험이 가져다주는 여운, 경계를 법으로 착각하고 그것의 변화에 스스로가 흔들렸던 것이다. 깨달음에 대한 상(相), 체험에 대한 기존의 검증되지 않은 견해에 스스로가 막혀 있었던 것이다. 『금강경』의 "모양을 취하지 않으면 여여하여 흔들림이 없다(不取於相 如如不動)."는 말이 소화가 되었다. 방거사의 "있는 것을 없다 할지언정 없는 것을 있다고 여기지 마라."는 말이 얼마나 친절한 말씀인지 깨닫게 되었다. 보조 국사가 "다만 알지 못하는 줄 알면 그것이 바로 견성이다(但知不會 是卽見性)."라고 말씀하신 의지가 뚜렷했다. 참다운 체험에는 체험의 내용이 없고, 진정한 깨달음에는 깨달음의 흔적마저도 없다. 허다한 분별을 돌아보지 않으면 될 뿐 달리 얻을 수 있는 것이라곤 먼지 티끌 하나 없다는 사실이 분명했다. 말 그대로 불이(不二)였다.

여전히 '내'가 있고 '나의 깨달음'이 있다면 두 조각이다. '깨달음의 상태'와 '깨닫지 못한 상태'가 있다면 두 조각이다. 신비로운 체험이 온 것도 아니다. 특별히 몰랐던 사실을 알게 된 것도 아니다. 오히려 기존에 가지고 있던 것, 있다고 여겼던 것들이 떨어져 나갔을 뿐이다. 그러한 것들이 본래 없었다는 사실이 분명해졌을 뿐이다. 이런 사실들이 더욱 뚜렷하게 되는 데에는 2011년 가을에 『무문관 평송』 출간 문제로 뵙게 된 ○○사 ○○스님의 가르침도 큰 도움이 되었다. 세상에 전혀 알려진 바 없는 도심 변두리 사찰의 이름 없는 일개 승려일 뿐인 스님의 별다를 것 없는 가르침이, 밧줄도 없는데 스스로를 묶어 놓은 이 문제를 해결하는 데 많은 도움을 주었다. 스님에게 받은 가르침은 『자기에게 돌아오라』란 책으로 정리하여 출간하였다.

이쯤에서 꿈같은 이야기는 그만두기로 하자. 별 시답지도 않은 소리일 뿐이다. 나의 요망한 이야기가 많은 사람들의 눈을 멀게 하지 않았을까 두렵다. 많은 일들이 있었던 듯하나 실제로는 아무 일도 없었다. 나의 구도여정 따위는 정말 한 잔 술에 취해 곤히 졸면서 꾸는 일장춘몽에 불과하다. 부디 이 꿈에 속지 마시기를 바란다. 이 모든 글귀를 살려내고 스스로 나의 꿈속에서 같이 춤추는 여러분 자신의 본래면목을 눈앞에서 분명하게 확인하시기를 바랄 뿐이다. 꿈과 깸이 둘이 아니다. 우리는 꿈꾸면서도 깨어 있고, 깨어 있으면서도 꿈꾸고 있다. 모든 것이 이 단순한 하나일 뿐이다.

어떤 것이 하나인가?

미소.

2

언제나
항 상 이 자 리

01
무얼 찾고 있는가?

여전히 쉬지 못하고
바쁘게 무언가를 찾고 있는 그대여!

도대체 무얼 찾고 있는가?

그대가 찾는 도, 진리, 깨달음, 부처는
진정 어디에 있는가?

그렇게 많은 책을 읽고 많은 선지식을 만나고
많은 수행을 해 왔음에도
왜 그대는 그대가 찾는 것을 결코 찾지 못하는가?

생각으로는 모든 것을 다 이해하면서도
어째서 궁극의 체험을 하지 못하는가?

그대의 그 대단한 생각들, 지식들, 수행 경험들,
이럴 것이고 저럴 것이란 예측들을
일시에 놓아 버릴 수는 없는가?

모든 것을 놓아 버리고,
바로 지금 이 순간, 그대 눈앞의 이 사실을
있는 그대로 살펴볼 수 없을까?

그대가 찾는 것이
바로 지금 이 순간, 그대 눈앞에 있는 이 사실이 아니라면
도대체 언제 어느 곳에서
그대가 찾고자 하는 것을 찾을 수 있겠는가?

그대가 찾고 있는 것은
바로 지금 이 순간, 바로 여기에 있어야만 한다.

바로 지금 이 순간, 바로 여기에 이렇게 있다.

더 알아야 할 것, 더 배워야 할 것,
더 체험해야 할 것은 결코 없다.

바로 지금 이 순간, 바로 여기에서

모든 한계가 사라지고 모든 의심이 무너져서
한 순간 모든 것이 분명해야 한다.

찾고자 하는 그 마음이 문득 사라지고,
눈앞이 그대로 나의 본래면목, 나의 고향이라는 사실에
한 티끌도 의혹이 없어야 한다.

만약 바로 지금 이 순간 그러하지 못하다면
그대는 결코 그대가 찾고자 하는 것을 찾은 것이 아니다.

그 모든 장난감들은 던져 버려라.
더 이상 시간을 낭비하지 마라.

참된 것,
진실한 것,
스스로 분명한 것,

그것만이 그대의 오랜 방황을
멈추게 할 수 있다.

모든 것을 다 걸 수 있는가?
기꺼이 죽을 수 있는가?

이제 그만 머뭇거리고,
죽느냐 사느냐
둘 중 하나의 길을
가야만 한다.

02
분리와 통합

깨달음은 특별한 어떤 것이 아니다. 바로 지금 이것이다.

위와 같은 전언(傳言)을 들으면 대부분의 사람들에게는 스스로 의식하든 의식하지 못하든 다음과 같은 내면의 풍광이 벌어질 것이다.

위와 같은 말을 듣는 주체인 '나'가 상대인 화자가 말한 '이것'이란 것이 도대체 뭘까 궁금해하면서 그것을 이해하려 하고 찾으려 할 것이다.

모든 궁극의 가르침을 가장 핵심적으로 드러낸 단어는 '둘 아님(不二)', '하나임(Oneness)'이다. 이 말은 분리와 분열이 없다는 말이다. 그런데 이 말을 이미 사분오열로 분리되고 분열된 상태로 듣고 있기 때문에 이 간단하고 쉬운 가르침이 그렇게도 어렵고 불가능한 것이다.

우리는 행위의 주체, 인식의 주체로서의 '나'의 존재를 전혀 의심하지 않는다. 당연히 '나는 있다'라고 기정사실화 한다. 어떤 육체, 어떤 인격, 어떤 개체적 특성을 가진 의식과 감정을 '나'와 동일시하는 순간, 동시에 '나 아닌 모든 것'들이 성립한다.

'나'와 '나 아닌 모든 것'이 곧 분리, 분열이다. '나'와 '나 아닌 모든 것'이 분리, 분열되었기에 그 사이에서 '안다'와 '모른다', '한다'와 '하지 않는다'와 같은 상대적 현상이 성립한다.

전체 가운데 한 부분인 '나'가 역시 전체 가운데 한 부분인 '나 아닌 모든 것'들 사이에서 맺는 이런저런 관계가 '안다/모른다, 한다/하지 않는다'인데, 그 인식과 행위 역시 전체 가운데 한 부분일 뿐이다.

즉 분리와 분열된 상태에서는 결코 분리와 분열을 넘어선 상태, 전체를 인식하고 전체로서 행위할 수는 없다.

그렇다면 우리는 이 분리와 분열을 극복하고 부분에서 전체로 통합되기 위해 어떤 노력을 기울여야만 할까?

잘 살펴보라. 이러한 생각 자체가 분리와 분열에서 나온 것이 아닌가? 통합이란 말 자체가 분리와 분열이 이미 전제된 상대적 개념일 뿐이다.

　분리와 분열을 개선하여 통합을 하는 것이 아니라, 분리와 분열의 실체를 바로 보는 것이 분리와 분열을 참으로 극복하여 전체를 회복하는 것이다. 문제를 떠나 답을 구하는 것이 아니라, 문제가 곧 문제가 아니었음을 보는 것이 답이다. 분리와 분열이 과연 실재하는 것인지 살펴보는 것이 해답이다.

　다시 '나'와 '나 아닌 모든 것'의 분리와 분열로 돌아가자. 이 '나'와 '나 아닌 모든 것'의 분리와 분열이 본래부터 있었는가? '나'는 언제 출현하였는가? 이 육체의 탄생과 동시에 '나'는 있었는가? 그렇지 않다는 것을 우리는 잘 안다.

　말을 배우기 이전이 잘 기억나지 않는 이유가 무엇일까? 말은 분리, 분열의 시발점이다. '아'와 '어'가 달라야 말이 된다. 분리와 분열이 일어나야, '나'와 '나 아닌 모든 것'이 분리되어야, 그 사이에서 '안다/모른다'가 발생한다. 감각적 자극들이 생각으로 추상화되고, 그것들이 기억으로 집적된다. 그리고 그 기억의 총체가 바로 '나'라는 주체, 자아다.

　본래 통합된 전체, 곧 말(분별) 없는 세상에서 말을 배우면서 하나의 육체와 의식, 감정을 '나'라고 동일시하자 동시에 '나 아닌 모든 것'들이 나타났다. '나'와 '나 아닌 모든 것'은 언제나 동시에 출현하고 동시에 사라진다. 매일 밤 우리가 잠자리에 들 때마다 확인하는 분명한 사실이다.

'나'가 있으면 '나 아닌 모든 것'도 있고, '나'가 없으면 '나 아닌 모든 것'도 없다. 이것이 붓다가 발견한 연기(緣起)[5]의 진실이다. '나'와 '나 아닌 모든 것'의 분리와 분열은 있지만 실제로 있는 것이 아니다. 있는 것처럼 보이고 느껴질 뿐이다.

이것을 바로 보고, 본래 분리와 분열이 실재가 아님을, 모든 것들이 따로 있는 듯 보이는 현상세계가 그대로 본래 나뉠 수 없는 하나의 전체임을 바로 보는 것이 깨달음이다. 어떤 수행 방편을 통해 분리와 분열을 메워 전체와 통합하는 게 아니다. 분리와 분열을 메우려는 그 노력이 바로 분리와 분열을 유지하는 수단임을 알아차려야 한다.

최초의 분리와 분열이 이루어지기 이전에도, 분리와 분열이 이루어진 뒤에도 늘 변함없는 것. '나'가 있을 때(깨어 있을 때)도, '나'가 없을 때(깊이 잠들었을 때)도 늘 있는 것. '나'와 '나 아닌 모든 것'을 전체로서 머금고 있는 것. 부분인 '나'의 인식 작용으로

---

[5] 모든 현상은 무수한 원인(因)과 조건(緣)이 상호 관계하여 성립되므로, 독립·자존적인 것은 하나도 없고, 모든 조건·원인이 없으면 결과(果)도 없다는 설.

는 알 수 없지만, 그렇다고 모를 수도 없는 것. 그리하여 생각할 필요조차 없는 것.

그것이 바로 이것이다.

이 글을 보고 있는 주체인 '나'도, 대상인 '글'도, '이게 도대체 무슨 말이지?' 하는 내면의 생각도 실제로는 전혀 분리되거나 분열되어 있지 않다. 분리와 분열은 오직 생각이 지어낸 착각, 환영이다. 그 생각마저도 이 분리되지 않고 분열되지 않는 전체를 떠날 수 없다.

그것이 바로 이것이다.

어떤 의미도 찾을 것 없고, 어떤 체험도 찾을 것 없다. 분리와 분열이 그대로 통합된 전체라는 사실을 깨닫는 것만이 중요하다. 어떤 것도 분리되고 분열되어 있는 것은 없다.

'마른 똥막대기'가 전체고, '뜰 앞의 잣나무'가 전체고, '무(無)'가 전체고, '차나 마셔라'는 말이 전체다.

그것이 바로 이것이다.

03
이 아무것도 아닌 것이

물속의 물고기가 즉각 물을 보지 못하는 이유는
물과 단 한 번도 떨어져 있어 본 적이 없기 때문이다.

우리가 우리의 본성을 당장 바로 보지 못하는 이유는
자신의 본성을 단 한 번도 떠난 적이 없기 때문이다.

뭔가 특별한 것(something special)은 눈에 잘 띄지만
전혀 특별할 게 없는 것(nothing special)은 눈에 잘 보이지 않는다.

지금 눈을 통해 사물을 잘 본다.
보는 자, 보이는 대상, 보는 행위는 분별된다.

그러나 그 모든 분별의 배후에 있는
나뉘지 않는 '그것'은 분별되지 않기에 보이지 않는다.

지금 귀를 통해 소리를 잘 듣는다.
듣는 자, 듣는 대상, 듣는 행위는 역시 잘 분별된다.

그러나 마찬가지로 그 모든 분별 배후의 '그것'은 전혀 들리지 않는다.

『금강경』에 "모양으로 나를 보려 하거나 소리로써 나를 구하려 하는 자는 삿된 도를 행하는 자로서 여래를 보지 못한다."고 하였다. 또 "모양을 취하지 않아야 여여(如如)하여 흔들림이 없다."고도 하였다.

바로 지금 이 순간 이 아무것도 아닌 것이
나라는 육체와 의식으로 이렇게 드러나 있다.

바로 지금 이 순간 이 아무것도 아닌 것이
나와 세계, 내면과 외면의 세상을 창조하고 있다.

바로 지금 이 순간 이 아무것도 아닌 것이
이렇게 생생하게 작용하고 있다.

이 아무것도 아닌 것을 뭔가 특별한 어떤 것으로 인식할 수는 없다.

우리가 느끼고 알 수 있는 것은 뭔가 특별한 것뿐이다.
이 아무것도 아닌 것은 결코 느낄 수도, 알 수도 없다.

다만 알지 못하는 줄 안다.
나는 모른다는 사실을 안다.

오직 모를 뿐이다.

이와 같은 말의 의미가 그대로 가슴에 와 닿을 때
안다와 모른다 너머의 참된 앎, 깨달음을 얻은 것이다.

아무것도 얻은 것이 없는 것이 참으로 얻은 것이다.
아무것도 달라진 것이 없는 것이 참으로 달라진 것이다.
아무것도 깨달은 것이 없는 것이 참으로 깨달은 것이다.

아무것도 아닌 것이기에 그곳에 도달하려 애쓸 필요가 없다.
아무것도 아닌 것이기에 이것은 결코 얻을 수도 없고, 잃을 수도 없다. 아무것도 아닌 것이기에 이것을 유지하거나 지키려고 전전긍긍할 필요가 없다.

아무것도 아닌 것은 말 그대로 아무것도 아닌 것이다.
지혜로운 자는 가을하늘처럼 명징하게 이것을 알아볼 테지만 어리석은 자는 허공꽃을 더듬으며 뭔가 특별한 것을 찾으려 할 것이다.

이 아무것도 아닌 것이 크게 쉬는 자리다.
이 아무것도 아닌 것이 바로 공(空)이다.
이 아무것도 아닌 것이 여여한 부처다.
이 아무것도 아닌 것이 우리의 본래면목이다.
이 아무것도 아닌 것이 하나님이다.
이 아무것도 아닌 것이 우주다.
이 아무것도 아닌 것이 바로 나다.

이 아무것도 아닌 것이!
이 아무것도 아닌 것이!

정말 이 아무것도 아닌 것이!

04
이 일

해가 떴다가 지는 일.
계절이 오고 가는 일.

숨을 들이쉬고 내쉬는 일.
사람이 태어나고 죽는 일.

눈으로 보고 귀로 듣는 일.
손으로 잡고 발로 걷는 일.

배고프면 밥 먹고, 졸리면 자는 일.
기쁘면 웃고, 슬프면 우는 일.

오줌 싸고 똥 누는 일.
앉았다가 일어서는 일.

사람들과 차 마시고 담소하는 일.
먹고살기 위해 아등바등하는 일.

손톱 발톱이 저절로 자라는 일.
아이들 키가 무럭무럭 자라는 일.

생각, 감정, 느낌이 쉬지 않고 오가는 일.
희로애락 우비고뇌[6]에 흔들리며 사는 일.

모두가 이 하나의 일.
언제나 이 하나의 일.

바로 지금 이 순간 이 일.
있는 이대로 이 일.

이 일!

---

[6] 우(優): 근심, 비(悲): 슬픔, 고(苦): 고통, 뇌(惱): 괴로움.

05
눈앞을 떠난 적이 없다

벗이여, 여기 내 옆에 편안히 앉으라.

그대가 오랜 세월 깨달음을 찾아 몸부림쳐 왔다는 사실을 나는 안다. 그럼에도 불구하고 그대는 진정한 안식을 얻지 못했다. 여전히 목이 마르고 마음 한 구석이 불안하고 허전하다.

그대가 찾는 그것은 결코 그대를 떠난 적이 없는 것이다. 조금만 자세히 살펴본다면 바로 지금 이 자리에서 그것을 발견할 수도 있다. 그러니 잠시 마음을 가다듬고 내 옆에 앉아 내 말에 귀를 기울여 보라.

벗이여, 지금 눈을 떠 그대 시야 전체에 들어오는 것들을 보라. 특정한 무엇을 보는 것이 아니라 그저 눈을 뜨고 눈앞을 보라. 우리는 흔히 우리가 눈을 통해 바깥세계를 본다고 '생각'한다. 그러나 이제 잠시 그 생각을 내려놓고 있는 그대로의 사실을 '느껴 보라.

 열려 있는 시야로 그대 자신의 신체 일부와 바깥의 사물들, 공간들이 보인다. 그게 진실 아닌가? 이 눈앞의 공간은 그대 신체의 움직임에 따라 매 순간 다양한 사물들, 배경들로 바뀐다. 눈을 감으면 어둠만이 보인다.

 여기서 바뀌는 것들은 믿을 수가 없다. 우리가 현실이라 믿어 의심치 않는 눈앞의 공간을 채우고 있는 사물, 배경들은 매 순간 변화한다. 나타났다가 사라지기도 한다. 그러나 그 수많은 변화 가운데 변함없이 있는 것이 있다.

 이렇게 비유하면 어떨까? 서치라이트의 불빛 같은 것이다. 칠흑 같은 어둠 속에서 서치라이트가 비춘다고 하자. 서치라이트가 어둠 속을 훑어 갈 때마다 다양한 사물과 대상, 배경 등이 그 빛 속에서 나타났다 사라진다.

 여기서 서치라이트의 불빛과 그 불빛으로 인해 드러난 사물, 대상, 배경은 별개의 것일까? 불빛이 비추기 전에는 어둠, 곧 아무것도 존재하지 않았다. 불빛이 비춰지자 온갖 사물, 대상, 배경이 드러났다.

그렇다면 그 모든 사물, 대상, 배경이 곧 불빛이라 할 수 있지 않을까? 불빛과 사물, 대상, 배경은 분리된 것이 아니지 않을까? 그것들은 둘이 아닌 하나가 아닐까? 어떤 사물, 대상, 배경이 나타나도 그것은 그저 한결같은 불빛의 반영이 아닐까?

우리의 시점이 서치라이트라 하자. 자신은 자신이 빛인 줄 모른다고 하자. 자신이 눈길을 돌릴 때마다 다양한 사물, 대상, 배경이 드러난다. 그러자 서치라이트는 자기 바깥에 그와 같은 사물, 대상, 배경이 존재하는 줄 착각한다. 그 모든 것이 자기 불빛의 반영인 줄 자신은 모르고 있는 것이다. 그것들이 바로 자기 자신인 것을 모르고 있는 것이다.

다시 그대 눈앞으로 돌아오라. 이 눈앞의 공간, 바깥에 있다고 '생각'되는 사물과 대상, 배경들이 보이는 이 공간에서 생각도 일어났다가 사라지지 않는가? 자신의 머릿속에서 생각이 일어난다는 것이야말로 전적으로 '생각'이다. 그 생각들은 바로 눈앞의 공간, 바로 여기에서 일어났다가 사라진다.

이 눈앞의 공간은 단순한 3차원의 물리적 공간이 아니다. 이 공간은 살아 있다. 이 공간은 모든 것을 알고 있다. 이 공간은 제한된 공간이 아니다. 이 공간을 부르는 이름은 다양하다. 의식, 깨어 있음, 알아차림, 바로 지금 여기, 공(空), 하나님, 불성(佛性),

진여(眞如), 생명, 마음, 지혜, 도(道) 등등. 그러나 어떠한 이름도 이 공간 자체는 아니다. 이 '공간'이란 말 역시 헛된 이름이다.

벗이여, 개체로서의 그대를 포함한 이 공간, 이 눈앞을 떠난 적이 있는가? 과거에 대한 회상 역시 이 눈앞에서 일어나지 않는가? 생각이 일으키는 분열에 속지만 않는다면, 모든 것이 이 눈앞의 공간 안에서 벌어지는 환영 같은 것 아닌가? 내 말을 이해하려 하지 말고 그대 눈앞의 공간을 진실로 '느껴' 보라.

이미 그대는 그 공간 속에 존재한다. 그대의 진정한 존재가 바로 이 텅 비어 있는 공간, 살아 있는 공간, 모든 것을 알아차리는 공간이다. 생겨난 적도 없고 온갖 변화 속에서도 결코 변한 적이 없는 것이 바로 이 눈앞의 공간, 이것이다.

그대가 공간을 인지하는 게 아니라, 공간이 그대와 그대를 둘러싼 세계를 인지하고 있다.

이것을 느껴 보라. 이곳을 벗어난 적이 없다. 이곳을 벗어날 수가 없다. 그것이 바로 해탈이다. 서치라이트 불빛에 드러난 모든 것이 불빛 자체이듯, 그대 눈앞에 드러난 모든 것, 사물, 감정, 생각과 같은 대상 모두 이 한 덩어리 눈앞의 공간이다. 이 공간은 나뉜 적이 없다. 언제나 하나다. 하나가 모든 것으로 드러났을 뿐이다. 그래서 모든 것이 하나로 수렴된다.

    이것을 느껴 보라. 생각으로 파악하지 않고, 생각을 거치지 않고 즉각적으로 이 미묘한 공간이 느껴질 때, 그대는 그 오랜 세월 동안 찾아 헤매던 추구를 쉬게 될 것이다. 한시도 그대를 떠난 적이 없는 그것, 그대 존재 자체를 언제나 늘 만났지만, 그 순간 새롭게 처음, 다시 만날 것이다. 그리고 어이없는 웃음을 터뜨리고 말 것이다. 그치지 않는 웃음, 이것이었다니! 그것이 바로 이것이었다니! 이 무슨 코미디란 말인가!

    벗이여, 언제나 바로 지금 눈앞의 일일세. 단지 그것뿐이네. 이제 그만 쉬게나. 숨바꼭질은 끝났다네. 술래잡기는 끝이 났다네. 찾고 있는 자가 찾는 대상이었다네. 그대가 바로 그것이었다네. 하나가 둘이 되어 한바탕 놀이를 즐겼을 뿐이라네. 사실 이 공간 안에서는 아무 일도 일어난 적이 없다네. 태초부터 지금까지 이 공간 자체는 변함이 없다네. 그래서 태초가 바로 지금이라네. 과거, 현재, 미래가 바로 지금, 바로 여기라네.

    바로 이것이라네.

06
극장의 비유

지금 극장의 스크린 위에서 한 편의 영화가 상영되고 있다고 하자. 우리 눈앞에 온갖 형상과 이야기, 온갖 사건이 3D로 벌어지고 있다. 그러나 사실은 텅 빈 하얀 스크린 위에 넘실거리는 빛의 그림자놀이를 보고 있을 뿐이다. 스크린과 영상은 결코 둘이 아니다. 우리가 기·승·전·결, 발단·전개·위기·절정·결말의 모든 이야기를 보고 있으면서 그와 동시에 텅 빈 스크린도 같이 보고 있는 것이다. 영화 속의 어떤 장면도 이 텅 빈 스크린을 벗어나 있지 않다. 모든 영화 장면이 텅 빈 스크린 자체다.

우리 현실도 마찬가지다. 이 살아 있는 스크린, 살아 있는 공(空) 위에 모든 현상들이 넘실거리고 있다. 어떤 현상도 이 살아 있는 공 아님이 없다. 『반야심경』에 이르기를, "색이 곧 공이고 공이 곧 색이요, 색은 공과 다르지 않고 공은 색과 다르지 않다."고 하였다. 『금강경』에서는 "무릇 모양 있는 것은 모두 허망하니, 만약 모든 모양이 모양 아님을 보면 곧 여래를 본다."고 하였다.

영화가 상영되기 위해서는 극장 안이 어두워야 하듯, 우리 인생이라는 영화가 현실감을 갖는 까닭은 감각되는 현상에의 미혹, 무명(無明) 때문이다. 정신없이 영화 속에 빠져들어 있을 때 문득 뒤쪽의 출입구가 열리면서 바깥의 빛이 들어오면, 한순간 스크린의 영상이 희미해지면서 새삼 자신이 보고 있는 것이 그저 빛의 장난일 뿐임을 깨닫게 된다. 마찬가지로, 이 눈앞에 펼쳐지는 현상을 말 그대로 유일한 현실로 믿고 있는 이들에게 진리의 빛을 비춰 주면 문득 이 현상들의 본질을 꿰뚫어 보게 된다.

그것이 깨달음이다. 바깥의 현상들을 비추고 있는 의식의 빛으로 그것들을 목격하고 있는 스스로를 비추어 보라. 지금 당신은 어디에 있는가? 무엇이 이 생생한 영화를 보고 있는가? 온 우주 전체가 하나의 텅 빈 스크린이다. 온 우주 전체가 한 편의 영화이다. 온 우주 전체가 그대 자신이다. 모든 일이 다 있으면서도 동시에 아무 일도 없는 것이다. 지옥불이 타오르는 장면에서도 스크린은 타지 않는다. 주인공이 겪는 온갖 희비극 속에서도 스크린은 아무런 흔들림이 없다. 많은 일들이, 그리고 아무 일도.

07

꿈과 깸이 둘이 아니다

당신은 지금 어두운 밤길을 걷고 있다. 골목의 가로등은 꺼져 있고 건물 사이마다 도사린 어둠이 언제 튀어나올지 두렵다. 스치는 바람 소리, 도둑고양이의 부스럭거리는 소리에도 온몸의 신경이 곤두선다. 갑자기 저벅저벅 거친 발걸음 소리가 들린다. 본능적으로 당신의 발걸음도 빨라진다. 집이 어디더라? 어서 빨리 집으로 들어갔으면 싶지만 발걸음은 생각처럼 빨라지지 않는다. 그러는 사이 뒤에서 들려오는 발자국 소리는 가까이 다가온 듯하다. 두려운 마음에 뛰어 보지만 발바닥이 땅에 달라붙은 듯 떨어지지 않는다. 그 순간 억센 손이 당신의 어깨를 움켜쥔다. 헉!

당신은 이마에 송골송골 땀이 맺힌 채 꿈에서 깨어났다. 희미한 취침등 아래 방 안의 풍경이 눈에 들어온다. 휴, 꿈이었구나. 시계를 한 번 쳐다보고 아직 동이 트기엔 많은 시간이 남았음을 알아차린다. 침대를 빠져나와 부엌 냉장고에서 차가운 물을 한 잔 들이킨다. 꿈이란 얼마나 신기한 일인가? 꿈에서 깨어나기 진까지는 그것이 허망한 꿈인 줄 모른다. 꿈속에서도 당신이라는 개체와 당신의 존재감이 현실과 똑같이 있다. 현실에서 보고 듣고 느끼고 아는 것처럼 모든 대상들을 지각하고 반응한다. 꿈속의 모든 것들은 제각각 있는 듯 보이지만 사실 전체가 하나의 꿈, 의식의 장난이다.

여기까지 생각이 다다른 당신은 거실 소파에 앉는다. 가만있어 보자. 지금 이 현실은 어떤가? 당신은 지금 꿈에서와 같이 당신이라는 개체가 있음을 안다. 꿈속에서처럼 시공 연속체의 배경이 존재한다. 감각이 느껴지고 감정과 생각이 오고 간다. 꿈과 한 치도 다르지 않다. 다른 것이 있다면 밤에 꾸는 꿈은 깨어나면 사라지지만, 이 현실은 일정 시간 동안 지속되는 것처럼 보인다는 것뿐이다. 이 현실의 시작이 있었던가? 분명 있었을 텐데 기억이 나지 않는다. 이 현실의 끝은 볼 수 있을까? 보통 죽음을 이 현실의 종말이라 보지만, 살아 있는 한 죽음을 경험하지 못할 것이고, 죽었다면 무슨 경험이 있겠는가?

갑자기 묘한 느낌이 든다. 이 현실이 꿈이 아니라는 어떠한 증거도 없다. 꿈속에서처럼 당신은 오감(五感)의 감옥, 의식의 환영 속에 갇혀 있다.[7] 모든 것은 감각적 인식의 현현이다. 아까 꾸

---

[7] 워쇼스키(Wachowski) 형제의 영화 「매트릭스(The Matrix)」를 연상해 보라.

었던 꿈이 꿈속에서 꾼 또 다른 꿈이 아니라는 보장이 없다. 문득 『장자』의 호접몽(胡蝶夢) 이야기가 떠오른다. 나비 꿈을 꾼 장자가 깨어나 이렇게 말했다지? 장자가 나비가 된 꿈을 꾼 것인가, 나비가 장사로 깨어난 꿈을 꾼 것인가? 아까 꿈속에서의 당신은 결코 현실에서의 당신이 아니다. 단지 꿈의 일부였을 뿐이다. 그러나 분명 꿈속에서는 그것이 당신이었다. 그렇다면 이 현실에서의 당신은 정말 당신이라는 개체일까?

새벽의 악몽에서 깨어나서는 이런 골치 아픈 사념에 빠져들게 된 당신은 이 모든 것이 며칠 전부터 무리한 탓에 온 스트레스 때문일 것이라 생각한다. 머리를 세차게 흔들어 본다. 그렇게 하면 조금 전 꾸었던 꿈의 자취를 털어 버릴 수 있는 것처럼. 거실 벽면의 시계를 본다. 곧 동이 틀 것이다. 째깍 째깍. 이것은 분명한 현실이라는 듯 시계 소리가 천둥처럼 들린다. 가만, 꿈속에서도 분명히 발자국 소리를 들었다. 소리라는 것도 객관적으로 외부에 존재하는 것이 아니라 단순한 의식의 작용일 뿐이다. 소리는 소리가 아니다. 다시 혼란 속에 사로잡힌 것 같은 느낌이 든다.

그 순간 억센 손이 당신의 어깨를 움켜쥔다. 헉!

08
한 맛

이 공부를 함에 있어

어떤 이는 책을 보면 안 된다고 하고
어떤 이는 책을 봐도 아무 상관이 없다고 한다.

어떤 이는 수행하지 말라고 하고
어떤 이는 수행해야 한다고 한다.

어떤 이는 삼매와 해탈을 말하고
어떤 이는 삼매와 해탈을 말하지 않는다.

어떤 이는 단박에 깨친다고 하고
어떤 이는 삼아승지겁[8]이 걸린다고 한다.

---

8 도저히 헤아릴 수 없는 긴 시간을 말한다. 중생이 부처가 되기 위해서 수행해야 하는 아주 긴 시간.

어떤 이는 중생이 바로 부처라고 하고
어떤 이는 중생은 중생, 부처는 부처라고 한다.

어떤 이는 깨달음이 있다고 하고
어떤 이는 깨달음은 없다고 한다.

어떤 이는 깨친 다음에 닦을 것이 없다고 하고
어떤 이는 깨친 이후에도 꾸준히 닦아야 한다고 한다.

누가 맞고 누가 틀린 것인가?

부디 자기를 잃어버리고 남을 좇지 않기 바란다.
바깥으로 헤매지 않기를 바란다.

저 두 갈래 길이 바로 남이다.
이것이냐 저것이냐가 바깥이다.

지금 그대는 어디에 있는가?
듣지 못했는가?

법이란 법은 본래 법이니
법도 없고, 법 아닌 것도 없네.

어찌 한 가지 법 가운데
법과 법 아닌 것이 있으랴.⁹

생각만 조금 움직여도 벌써 두 갈래다.
머뭇거리기만 해도 이미 바깥에 떨어졌다.

---

9 마하가섭의 전법게송. *法法本來法 / 無法無非法 / 何於一法中 / 有法有非法*.

09
진정한 좌선

그때 장자 유마힐은 병상에 누워서 스스로 "세존께서는 어찌하여 대자비를 베풀어 보이지 않으시는 것일까?"라고 생각하였다. 부처님께서 그의 뜻을 아시고 곧 사리불에게 말씀하셨다.

"그대가 유마힐에게 문병을 가라."

사리불이 부처님께 사뢰어 말했다.

"세존이시여, 저는 유마힐에게 문병 가는 일을 감당할 수 없습니다. 왜냐하면 기억하건대, 제가 일찍이 숲속의 나무 밑에서 좌선할 때 유마힐이 제게 와서 말하되 '사리불이여, 앉아 있다고 해서 반드시 좌선하는 것은 아닙니다. 대저 참다운 좌선이란 삼계에 몸과 생각을 나타내지 않는 것을 좌선이라고 하며, 멸진정에서 일어나지 않고 모든 행위를 나타내는 것이 바로 좌선이며, 도법(道法)을 버리지 않고 그대로 범부의 일을 나타내는 것이 바로 좌선이며, 모든 견해에 움직임이 없고 37도품을 수행하는 것이 좌선이며, 번뇌를 끊지 않고 그대로 열반에 드는 것이 바로 좌선이니, 만약 이와 같이 좌선한다면 부처님께서 인가하시는 바입니다.' 세존이시여, 그때 저는 이와 같은 말을 듣고 아무런 대답도 할 수 없어서 조용히 침묵을 지켰습니다. 그러므로 저는 그에게 문병을 갈 수 없습니다."

『유마경』, 「제자품」 중에서

『육조단경』에 이르기를, "선지식들아, 무엇을 일러 좌선이라 하는가? 이 법문 가운데 막힘이 없고 걸림이 없어 밖으로 모든 좋고 나쁜 경계에 마음과 생각이 일어나지 않는 것을 일러 '좌(坐)'라 하고, 안으로 자기 성품이 움직이지 않음을 보는 것을 일러 '선(禪)'이라 한다." 하였다.

무릇 좌선은 깨달음을 위한 방편이다. 모든 방편의 목적은 깨달음이지 방편 자체가 아니다. 이것을 명심해야 한다. 꿩 잡는 게 매라는 말이 있다. 매가 따로 있는 게 아니라 꿩만 잡을 줄 알면 매라는 말이다. 좌선은 좌선이 목적이 아니다. 둘 아닌 성품을 바로 보는 것, 모든 현상의 본질을 통찰하는 게 목적이다.

따라서 둘 아닌 성품만 볼 수 있다면 앉아 있든, 누워 있든, 서 있든, 오고 가든, 아무 상관이 없다. 모든 현상의 본질을 통찰할 수만 있다면 선정에 들든, 분심에 사로잡히든, 절망에 빠지든, 아무 상관이 없다. 오직 깨닫기만 하면 되는 것이다. 그런데 방편에 사로잡혀 방편을 고집해서는 공부에 득이 되기보다는 해가 되기 십상이다.

그래서 유마힐은 삼계와 몸과 마음이 둘이 되지 않는 것, 가고 머물고 앉고 누움과 말하고 침묵하고 움직이고 가만히 있음이 그대로 아무 분별없는 멸진정(滅盡定)[10]임을 바로 보는 것, 도법과 범부의 일 사이의 차별이 없는 것, 모든 견해에 움직임이 없고 번뇌가 그대로 열반임을 체득하는 것이 좌선이라 역설한 것이다. 다시 말하지만, 좌선은 고요한 선정을 닦는 것이 목적이 아니다. 깨달음이 목적이다.

조용한 곳에 단정히 앉아 몸과 마음을 차분하게 하여 의식의 고요한 경계를 구하는 일은 일찍이 검은 산 귀신굴[11] 속에서 살림을 차리는 것이라 하였다. 깨달음은 경계가 아니다. 의도적인 노력과 반복적인 수행을 통해 얻을 수도, 심화시켜 나갈 수도 없는 것이다. 그런 경계는 무상하기 짝이 없다. 깨달음은 본래 오는 바도 가는 바도 없다.

깨닫기 위해 세운 방편인데 깨달음을 주지 못한다면 빨리 버려야 한다. 그런 용기도 없이 그저 방편에 매달려 있다가는 허송세월만 하게 된다. 동서고금의 영성의 역사를 잘 살펴보면 언제나

---

10 모든 마음 작용이 소멸된 선정(禪定).
11 의식이 깊은 잠에 든 것처럼 고요하지만 혼침(昏沈)과 망상에 빠져 있는 상태.

진리를 구하는 이가 진리를 실현한 이를 찾아가 묻고 가르침을 받아 스스로도 그렇게 되었다.

저 뜨거운 유대의 사막에서도, 저 인도의 무더운 정글에서도 진리에 목마른 이들이 스승을 찾아, 가르침을 찾아 머나먼 여정을 떠났다. 그들은 스승의 친존, 스승의 살아 있는 음성으로 전해지는 가르침에 문득 자신의 본래 모습, 본성, 신성을 깨닫고 영접했던 것이다. 자기 모습을 보기 위한 거울이 바로 스승이자 가르침이다.

봄이 오니 모양 없는 매화 향기 온천지에 은은하다.
이것이 진실한 좌선이고, 이것이 진실한 깨달음이다.

10
선정 禪定

보내온 편지에 "초심자가 잠시 고요히 앉으니 공부가 저절로 잘된다."고 하였고 또 말하기를 "그렇다고 감히 함부로 고요하다는 견해를 짓지 않는다."고 하였습니다. 이는 부처님이 "비유하자면, 마치 어떤 사람이 스스로 귀를 막고 큰 소리를 지르면서 다른 사람이 듣지 않기를 바라는 것과 같다."고 말씀하신 것처럼 참으로 스스로 장애와 어려움을 만드는 일일 뿐입니다. 만약 생사의 마음이 부서지지 않으면 하루 24시간 가운데 어둡고 어리석은 것이 마치 혼이 흩어지지 않은 죽은 사람과 마찬가지입니다. 다시 무슨 부질없는 공부를 하여 고요함을 이해하고 시끄러움을 이해하겠습니까?

– 『서장』, 「부추밀 계신에게 보낸 답장」에서

이른바 수행자라 자처하는 이들의 행태는 동서고금에 한결같이 어찌 이리도 어리석은가? 고요함을 구하는 그 마음이 내면의 소음을 만드는 장본인이요, 진리를 추구하는 그 마음이 스스로를 진리로부터 멀어지게 하는 주범인 줄 어찌 알아차리지 못할까?

선정에 들어 법희(法喜) 선열(禪悅)을 느꼈다 하자. 그것을 느낀 자는 누군가? 진리가 희열인가? 그러한 황홀경을 구하려다가 서구의 많은 수행자들은 LSD[12]와 같은 약물에 의존하게 되었다. 진리는 어떤 느낌이 아니다.

선정에 들어 몸도 사라지고 마음도 사라지고 세상도 사라져 고요적한 상태에 들어갔다고 치자. 다시 묻지만 누가 있어 그것을 아는가? '나도 없구나!' 하는 그것은 누구인가? '고요하구나!' 하는 그것은 고요한 것인가?

진리는 그런 것이 아니고, 참된 선정은 일정한 경계에 있지 않다. 일어났다 사라지는 마음, 이것과 저것을 분별하는 생사의 마음이 한 번 부서져야 이 도리 아닌 도리를 체득한다. 구하지 않아도 찾지 않아도 본래 스스로 그러하다는 사실이 납득이 된다.

진리는 특별한 것이 아니다. 그래서 진리다. 참다운 이치는 평범한 것이다. 특별함은 나와 남을 구별하기 위한 것이다.

---

[12] LSD(Lysergic acid diethylamide)는 강력한 환각제로, 이 약물을 복용했을 때의 특수한 효과 때문에, LSD가 자아 개발과 개인의 잠재의식을 확장시킨다고 믿었던 수많은 사람들이 앞다투어 복용하였다. 반체제 문화 심리학자인 티모시 리어리와 소설가인 엘더스 헉슬리는 LSD를 복용할 것을 사람들에게 권장하기도 했다.

평범함 속에는 나도 없고 남도 없다. 특별해지고자 하는 에고에게는 평범함이 무덤과 같겠지만, 참된 수행자에게는 부활의 장소이다.

평범해질 수 있는 용기, 이것이 깨달음의 효과다. 눈으로 보고, 귀로 듣고, 배고프면 밥 먹고, 졸리면 자는 것. 여기서 만족하여 더 이상의 것을 구걸하지 않는 것. 이미 갖추어져 있는 것 이외의 다른 것에 의존하지 않는 것. 이게 깨달음이다.

세상에 가장 쉬운 게 깨달음인데, 스스로 자기 생각에 속아 헛고생만 죽도록 한다. 자기가 존재한다는 사실을 깨닫는 데 얼마나 많은 노력과 시간이 필요하다고 생각하는가? 환상과 같은 자기 생각은 믿으면서 결코 부정할 수 없는 자기가 있음을 왜 돌아보지 않는가?

비상비비상처정(非想非非想處定)[13]의 선정이든, 척추가 녹아내릴 것 같은 황홀경이든, 천 개의 태양이 뜬 것과 같은 깨달음이든, 누가 그것을 느끼고 아는가? 그것이 무엇인가? 자기가 누구인가? 이 무상한 육체와 마음은 그것의 일부일 뿐이다. 진짜 자기를 찾아보라.

---

13 생각이 있는 것도 아니고 없는 것도 아닌 경지의 선정(禪定).

지금 바로 이것 아닌가?

한시도 나를 떠난 적 없는 것, 그리하여 진실한 나 자신.
생겨난 적도 없고, 그리하여 다시 사라질 수도 없는 이것.
육체와 마음, 온 세상이 여기서 드러나 변화하지만
자신은 보이지 않는 배경처럼 있는 것.

지금 아무 문제 없이 쓰고 있는 그것을 스스로 돌아보라.

특별한 것이 아니다.
하나, 둘, 셋, 넷, 다섯…….
분명하고 분명하지 않은가?

11
조사祖師의 도道

 이 둘 아닌 하나의 진리를 곧장 드러내 보이는 것이 조사(祖師)[14]의 도(道)다. 둘 아닌 하나의 진리가 따로 있는 것이 아니라 5온 6식 18계, 삼천대천세계가 곧 조사의 도다. 눈앞의 일 하나하나가 조사의 도 아닌 게 없다. 이를 체득하지 못한 사람에게는 이 아무것도 아니고 너무나 당연한 일이 전혀 이해가 되지 않는다. 이것은 이해할 수 있는 대상이 아니기 때문이다. 눈이 눈 자신을 보려고 하는 어리석음을 범하고 있기 때문이다.

 매사를 주관과 객관, 이것과 저것으로 나누어 보는 사람의 입장에서는 이 변화무쌍하여 전혀 종잡을 수 없는 심식(心識)을 어떠한 수행 방편으로 다잡아 묶어 일정한 형태로, 자신이 통제할 수 있는 상태로 만들려고 애를 쓴다. 이른바 수행을 통해 선정의 상태, 일여한 의식 상태를 성취하려고 노력하는 것이다. 그러나

---

14 부처의 마음을 체득한 선승(禪僧).

그러한 행위는 멀쩡한 사람이 허깨비 같은 생각의 괴롭힘이 두려워 술이나 마약으로 그것을 회피하려는 것과 동일하다.

그러한 행위 자체, 그러한 관점 자체가 고통의 뿌리인 줄을 꿈에도 모른다. 자신의 한 생각이 그 모든 고통의 원인이기에 그 한 생각을 돌아볼 때 그 모든 고통이 지난 밤 꿈의 흔적처럼 사라진다. 수행의 목적은 깨달음이다. 깨닫지 못한다면 모든 수행은 쓸데없는 짓이다. 그런데 깨달음이란 우리의 본래 상태다. 따라서 우리 본래의 상태를 다시 성취하려는 모든 노력은 역설적이게도 우리의 본래 상태를 보지 못하게 하는 장애가 된다.

이러한 올바른 견해, 정견(正見)이 갖추어지면 깨달음은 시간문제다. 항아리 속에 갇혀 있는 자라가 어디로 도망칠 수 있겠는가? 손만 집어넣으면 바로 덥석 물어 버린다. 바깥으로 따로 어떠한 상태, 신비한 경계를 구하지 말고 이미 있는 것들의 본질을 꿰뚫어 보려고 하라. 멈추고 돌아보라. 도대체 이 모든 것이 진정 무엇이란 말인가? 진정한 의문이 일어날 때 마음의 작동이 저절로 멈추는 순간이 올 것이다.

무엇을 알려 하는 것보다 참으로 모르는 것이 더 어렵다. '안다/모른다'를 넘어선 모름, 그것이 참 앎이며, 이것이 도다. 반야는 무지(無知)하지만 동시에 영지(靈智)하다.

12
바로 보라

    이 당연한 사실을 보지 못하는 것은 오직 자기 눈을 가리고 있는 들보를 뽑지 못한 탓이다. 자기도 모르게 가지고 있는 잘못된 한 생각이 온 우주를 가리고 있는 것이다.

    정견(正見)! 바로 보는 것이야말로 도를 성취하는 바른 길이다.

    청정한 불국토를 당장 바로 가리켜 보이겠다.

    가, 나, 다, 라, 마, 바, 사.

    부정한 세상은 서로 차별되는 온갖 모양 때문에 뒤죽박죽인 것처럼 보인다. 불국토에는 차별되는 모양이 없다. 그래서 청정하다 하는 것이다.

    '가, 나, 다, 라, 마, 바, 사'는 글자의 모양도 다르고, 소리도 다르다. 그래서 차별되는 뜻으로 사용할 수 있는 것이다. 그런데 이 온갖 차별되는 것들 가운데 차별 없이 동일한 하나가 있다.

'가'를 보고 '가'라고 아는 그것은 '나'를 보고 '나'라고 아는 것과 아무런 차별이 없다. [ka:]라는 소리를 들을 줄 아는 그것은 [na:]라고 소리가 달라져도 동일하다. 보고 들을 줄 아는 그것은 보이는 모양이나 들리는 소리에 물들지 않고 청정하다.

대상을 좇으면 차별만 보겠지만, 차별이 차별인 줄 아는 눈은 차별되지 않는다. 거위왕은 우유와 물을 섞어 놓아도 물은 마시지 않고 우유만 마신다고 한다. 모름지기 자기 눈이 밝아야 언제 어디서나 청정한 불국토를 볼 수 있는 법이다.

바로 보아라.

13
단 하나의 의문

 우리 삶의 모든 의문은 단지 하나의 의문에서 비롯된 것일 뿐이다. '나'는 누구인가? 이 모든 삶의 고통, 이 모든 삶의 불안, 이 모든 삶의 고뇌를 느끼는 이 '나'란 존재는 도대체 누구인가? 이것이 유일한 의문, 유일한 화두이다. 이 화두를 타파하지 못했다면 다른 수가 없다. 그 의문, 그 화두와 맞붙어 씨름하는 수밖에. 나아갈 수도 없고 물러날 수도 없다.

 모기가 무쇠 소 위에 앉아 주둥이를 대려는 것과 같고, 개가 끓는 기름 솥을 핥으려 하는 것과 같다. 그 외에 법문을 듣고, 경전을 읽고, 좌선을 하고, 절을 하는 모든 행위는 쓸데없는 짓일 뿐이다. 설사 1,700공안을 모두 해결했다 하더라도 그 '나'가 여전히 남아 있다면 망상일 뿐이다. 천하의 모든 선지식에게서 깨달음을 인가 받았다 하더라도 그 '나'를 해결하지 못했다면 여전히 문 밖의 사람일 뿐이다.

이 '나'는 누구인가?
이 '나'는 과연 존재하는가?
이 '나'는 지금 어디에 있는가?
이 '나'는 도대체 무엇인가?

손바닥으로 책상을 쳐 보라.

책상을 치는 이도, 책상도, 손바닥도, 소리도 허망한 대상경계에 불과하다. 그러나 바로 그 자리, 그곳에 있지도 않고 없지도 않은 '나', '나'라는 이름조차 갖다 댈 수 없는 '무엇'이 드러나 있다. 책상을 치기 이전에도, 그리고 그 이후에도 늘 드러나 있다. 그것을 깨달아야 책상을 치는 이도, 책상도, 손바닥도, 소리도 진실하다는 것을 알게 된다.

14
여기 이렇게 있다

지극한 이치를 이 자리에서 단박 보여 주랴? 탕!(책상을 치며) 바로 이것이다. 이 소리가 나온 곳에는 소리가 없다. 이 소리를 듣는 성품에는 소리가 없다. 이 소리가 나오고, 이 소리를 들을 줄 아는 그것은 소리가 나오기 전에도, 소리가 사라진 뒤에도 늘 그대로다. 여기엔 어떤 말도 붙일 수 없다.

사람들이 이것을 알지 못하고 엉뚱한 수행을 통해 얻은 경계를 이것인 줄 착각한다. 본래 있는 이것은 대상경계가 아니다. 이것에서 소리가 나오지만 이것은 완전한 침묵이다. 그러나 이것이 고요한 경계인 것은 아니다. 고요할 때나 시끄러울 때나 이것은 전혀 영향 받지 않는다.

그래서 이것은 그 두 가지 분별, 경계에서 벗어날 수 있는 유일한 곳, 대해탈의 문이다. 탕!(책상을 치며) 바로 이것이다. 소리와 소리 아님이 지금 동시에 드러나고 있다. 소리를 따라가지 말고 그 소리를 듣는 성품을 되비추어 보라. 이 있는 것이냐, 이 없는 것이냐? 있다와 없다를 동시에 놓아 버리고, 탕!(책상을 치며) 이 자리로 돌아오라. 떠난 적이 없다.

이것은 이미 본래 지니고 있는 것이다. 거울처럼 살펴보고 느끼는 것이다. 탕!(책상을 치며) 이렇게 살펴보고 이렇게 느끼고 있다. 허공을 더듬지 마라. 이 텅 빈 성품은 어떤 소리에도 물들지 않는다. 그래서 오만 가지 소리가 서로 섞이지 않고 잘 들리는 것이다.

이 의식의 빛, 자성의 빛은 멈추거나 사라지지 않는다. 그래서 아미타불, 무량수(無量壽), 무량광(無量光)이다. 탕!(책상을 치며) 옛날이나 지금이나 이 성품은 전혀 변한 적이 없다. 사람이나 짐승이나 이 성품은 전혀 차이가 없다.

보고 듣고 느끼고 아는 성품은 보이고 들리고 느껴지고 알아지는 대상경계에 물들지 않는다. 마치 눈이 무지개를 보지만, 빨주노초파남보 어느 색에도 물들지 않는 것과 같다. 찾지 마라. 구하지 마라. 헐떡이며 좇지 마라. 자기에게 돌아오라. 바로 지금 여기, 탕!(책상을 치며)

옛 스님이 말했다. "신령스러운 광명이 어둡지 않아 만고에 빛난다." 탕!(책상을 치며) 이것이 신령스러운 광명이 어둡지 않아 만고에 빛나는 일이다. 탕!(책상을 치며) 이 소리의 성품, 이 들을 줄 아는 성품이 어찌 갈고닦아 얻어지는 것이겠는가?

이것은 어떤 모양, 어떤 형태가 아니다. 그래서 공이라 부른다. 걷어잡을 건더기가 없다. 대상경계가 아니다. 이것을 고요한 경계나 또렷또렷한 경계와 같이 구별되는 일정한 경계로서 잡으려 하면 매번 엉뚱한 것만 잡는다.

허공꽃과 같이 헛된 것을 이것으로 착각한다. 그러니 얻은 것 같으면 잃게 되고, 찾은 것 같으면 잃어버리는 쳇바퀴를 도는 것이다. 탕!(책상을 치며) 이것을 어찌 얻고, 어찌 잃겠으며, 탕!(책상을 치며) 이것을 어찌 찾고, 어찌 잃어버리겠는가?

예를 들어, 기억상실증에 걸린 사람이 한동안 자신을 잃어버렸다가 기억이 돌아왔다고 하자. 잃어버렸다가 다시 찾은 기억은 대상경계다. 그러나 기억을 잃어버렸던 것도 그 한 사람이고, 기억을 되찾은 것도 그 한 사람이다.

기억은 두 번째 사람, 가짜 나이다. 진짜 나, 첫 번째 사람은, 탕!(책상을 치며) 이 소리를 듣는 바로 그 사람이다. 어떠한 분별도 없이, 탕!(책상을 치며) 여기 이렇게 함께 있는 이 사람이다. 기억을 잃어도, 탕!(책상을 치며) 이 사람, 기억을 찾아도, 탕!(책상을 치며) 이 사람이다.

가고 서고 앉고 눕고, 기쁘고 화나고 슬프고 즐겁고, 탕!(책상을 치며) 그 모든 게 이것 하나다! 이 모양 없는 성품, 탕!(책상을 치며) 이 텅 빈 성품이 이렇게 저렇게 인연 따라 드러난 것이다. 모든 것이 이것의 작용이니 이것은 따로 찾을 수가 없다. 이렇게 보이고 들리고 느껴지고 알아지는 여기에서 바로 깨닫는 수밖에 없다.

탕!(책상을 치며) 여기 이렇게 있다.

15
허벅지를 꼬집어라

스스로 허벅지를 꼬집어 보라. 아픔을 느끼는가? 바로 그때 아픔을 느낄 줄 아는 '그것'도 아픔이 있는가? 자신의 존재감을 느껴 보라. 존재감을 느낄 줄 아는 '그것'은 무엇인가? 이렇게 회광반조(廻光返照)하라. 의식하는 자신을 스스로 돌아보라. 과연 무엇이 있는가? 허벅지를 꼬집을 때 아픈 줄 아는 '그것'은 있다 없다 할 수 없다. 그런 생각과 상관없이 언제든지 꼬집으면 아프다.

꼬집지 않아도 아픔을 느낄 줄 아는 '그것'은 아픔 없음을, 평범한 신체 감각을 느낀다. 존재감을 느낄 줄 아는 그것은 어떤 감각이 아니다. 바로 그 순간 느낌, 생각이 딱 끊긴다. 거기서 어떤 느낌도 아니고, 생각도 아닌 모양 없는 실체, 살아 있는 공(空)을 문득 확인해야 한다. 어떤 말이나 설명이 아닌 '그것'을 직접적으로 곧장 확인해야 비로소 쉴 수 있다. 더 이상 말과 글에 속지 않을 수 있다. 모양에 따른 분별에서 벗어날 수 있다.

바로 지금 이 순간 딱 마주쳐서 절대 회피할 수 없는 순간순간의 경험이 바로 깨달음의 입구다.

바로 여기서 승부를 내야 한다. 꼬집었을 때 느끼는 아픔의 감각을 따라가면 흙덩이(대상경계)를 좇는 한나라의 개다. 아픔의 감각을 느끼는 순간 그것을 '아는 사람'을 문득 알아차리는 것이 흙덩이를 던지는 사람을 무는 사자다. 언제나 즉각즉각 확인하고 있는 것이다.

그러나 그것을 생각으로 헤아려 '이것이다' 하고 잡으려 해서는 백전백패다. 문득 말과 생각을 놓아 버리고 맨손으로 '이것'을 잡아야 한다. 그 짧은 순간, 팔만사천법문을 일시에 요달하게 된다. 온 우주의 비밀을 한눈에 꿰뚫게 된다. 허벅지를 꼬집어 보고, 존재감을 느껴 보라. 이것은 결코 도망가지 않는다. 한시도 나를 떠난 적이 없는 진정한 나의 존재 자체다. 생사를 벗어나는 비밀이 바로 여기에 있다. 허벅지를 꼬집어 보라.

꼬집으면 아픈 줄 알고, 자신이 있는 줄 아는 '그것'은 본래부터 있어서 새로 생겨나거나 없어지는 것이 아니다. 그래서 거기엔 생사가 없다. 생사뿐만 아니라, 장단(長短), 대소(大小), 선악(善惡), 시비(是非) 등등의 분별이 가 닿지 못한다. 둘이 없다. 그래서 청정하다. 이것을 일러 '마음'이라 하니 이것은 배워서 아는 것이 아니고, 본래 있으니 따로 전해 주거나 전해 받을 수 없다. 그래서 마음공부, 수행을 하면 할수록 본래 마음에서 멀어진다고 하는 것이다.

　당장 허벅지 한 번 꼬집는 여기에서 이 마음을 바로 확인해야 한다. 생각을 거치지 않고 즉각 확인하기에 깨닫는다 한다. 사실 우리는 늘 깨닫고 있는데, 그 사실을 놓아두고 생각이라는 추상, 관념의 장막으로 눈을 가리고 있기에 보면서도 보지 못한다. 깨달음의 가장 큰 장애가 바로 자신의 한 생각이다. 아무것도 아닌 환상 같은 한 생각이 온 우주를 가리고 있다. 마치 꿈이 비록 허상이나 꿈에서 깨지 못하는 한 생생한 현실처럼 느껴지는 것과 같다.

　이것은 특별한 도리나 신비한 경험이 아니다. 매일 매일의 일상생활 그대로이다. 평범하고 평범하여 더 이상 평범할 수 없는 것이다. 단도직입적으로 바로 이것이다. 여기서 생각이 딱 멈추고 그 가리키는 바가 자신에게서 문득 드러나면 그 자리에서 깨닫는 것이다. 1초도 걸리지 않는 이 일이 이렇게도 힘든 것은 끊임없이 이것인가 저것인가, 공부가 되는 건가 안 되는 건가, 이렇게 해야 되나 저렇게 해야 되나, 머뭇거리고 망설이기 때문이다.

　진리에 목숨을 바쳐라. 백척간두에서 한 걸음 나아가라. 천길 벼랑 끝에 매달려서 두 손을 놓아 버려라. 살아서 죽지 않으려 발버둥치지 말고 완전히 죽어서 살아 나오지 마라. 모든 공부인이 이 죽을 것 같은 순간을 거쳐 영원히 생사 없는 곳에 도달하였다. 바로 지금 여기 5온 18계가 그대로 불국정토로 변하는 소식이다. 바로 눈앞에 마주하고 있는 이 마음을 두 손으로 꽉 잡아야 한다. 손이 묶인 것 같으면 이빨로라도 꽉 깨물어 잡아야 한다. 진실로 한 번 이 마음의 실체를 봐야 끝마칠 날이 있을 것이다.

분발하라. 분발하라. 분발하라. 제발 분발하라.

16
나는 누구인가?

나는 내가 존재함을 알고 있다.
나의 존재를 알고 있는 나는 누구인가?

나는 세계가 존재함을 알고 있다.
세계의 존재를 알고 있는 나는 누구인가?

나는 지금 이 글을 읽고 있다.
지금 이 글을 읽고 있는 나는 누구인가?

'나는 누구인가?'라는 생각을 일으키지 말고
'나는 누구인가?' 자체가 되어 보라.

'나는 누구인가?'를 대상화하면 다시
'생각하는 나'와 '생각'으로 분열되는 악순환에 빠진다.

그저 '나는 누구인가?'가 되어 보라.
둘이 되지 말고 그 의문 자체가 되어 보라.

'나는 누구인가?' 자체가 되는 순간, '나는 누구인가?'는 사라진다. 아는 것도 아니고 모르는 것도 아닌 멍한 순간이 찾아온다.

시공이 잠시 정지하는 그 순간, 나도 아니고 세계도 아닌 무언가가 드러난다. 늘 함께 있었지만 보이지도 느껴지지도 않았던 그것이 나타난다.

아무런 모양도 느낌도 없지만 뚜렷하고 분명하며 생생하게 살아 있다. 낯설고 놀라우면서도 바로 그 순간 그것이 무엇인지 알아본다.

전광석화와 같은 순간이 지나고 다시 일상의 의식으로 돌아온다. 아무것도 달라진 것은 없지만 분명히 무언가 달라졌다.

굳이 말로 표현하자면,
바깥의 사물이나 내면의 의식과 같은 대상경계를 비추던 인식의 빛이 동시에 저 자신 역시 비추고 있음을 의식한다고 할까?

이전에는 개체로서의 내가 이 광활한 세계 속에 존재하고 있다고 믿었는데, 이제 보니 개체로서의 나는 착각으로 단 한 순간도 세계와 분리되어 존재한 적이 없으며, 오히려 개체로서의 나를 포함한 전체 세계가 진정한 나 자신으로 느껴지기 시작한다.

다양성과 전체성이 모순 없이 한 덩어리를 이루어
온갖 차별 현상 그대로 차별 없는 하나이고
이 차별 없는 하나가 그대로 온갖 차별 현상인 것이 전혀 이상하지 않다.

나라는 차별적인 중심이 서서히 허물어지면서
나를 기준점 삼아 판단해 왔던 분별이 자연스레 사라져 가기 시작한다.

광활한 허공과 같이 온갖 일들이 오고 감에도 거슬리지 않는다.
내가 없다는 말의 의미가 실감이 나면서 내면에 고요가 깃들기 시작한다.

어떤 것도 궁금하지 않고 어떤 것도 욕망하지 않는다.
그렇지만 때로는 웃고 때로는 울면서 삶의 흐름을 거스르지 않는다.

있는 이대로 만족스럽다.

17
이미 있는 것

이것은 이미 있는 것이다.

나라는 존재보다 먼저 있는 것이다.
그래서 이것이 진짜 나다.

이미 있는 것이기 때문에
바깥에서 찾아 얻으려 하면 안 된다.

그런 일은 있을 수 없다.
새롭게 찾고, 구하고, 얻은 것이 있다면 이것이 아니다.

이것은 마치 우리가 대상을 볼 때
대상의 빛깔과 모양만 보는 것이 아니라
나와 대상 사이의 공간도 보지 않으면서 보고 있다는 사실과
비슷하다.

이것을 제일 먼저 보고
이것을 제일 먼저 듣고
이것을 제일 먼저 맡고
이것을 제일 먼저 맛보고
이것을 제일 먼저 느끼고
이것을 제일 먼저 생각한다.

그럼에도 이것은 어떤 빛깔, 소리, 냄새, 맛, 느낌, 생각의 내용물이 없다.

이것은 아는 자이지 알려지는 대상이 아니다.
아는 자를 알 수는 없다.

알 수 없음을 아는 것이 진실로 아는 것이다.
모른다는 것이 진실로 아는 것이다.

이것은 이미 이렇게 있다.

당신이 이 글을 보고 있다는 것보다
더 확실한 증거는 없다.

당신과 이 글,

그리고 그 나머지 모든 것이 이미 이것 하나다.

다른 것은 없다.

18
사람을 만나라

이 공부는 사람을 만나야 한다.

이천오백 년 전, 인도의 무더운 숲 속에서도
이천 년 전, 유대의 메마른 사막에서도

사람이 사람을 찾아
사람과 사람 사이에

아름다운 울림과 반향으로,
억겁의 어둠을 떨쳐 내는
진리의 등불을 밝힐 수 있었다.

자기가 자기를 발견하기 위해서는
거울 역할을 해 줄 맑은 사람이 필요하다.
그와의 만남을 통해

사람은 자기 자신을 발견한다.

거울이 무심히 대상을 비추듯
그 역시 있는 그대로
찾아온 이를 되비출 뿐이다.

본래 갖추어져 있어서 따로 얻을 수 없는
자기 자신을
그 사람을 통해 깨닫게 되는 것이다.

그 역시 사람을 만나야 한다.

무명의 어두움에 취해 잠들어 있는 이들을 위해
맑고 깨끗한 사람 하나를 만나
이 비밀 아닌 비밀을 전해 주어야만 한다.

비록 거울은 인연이 다하면 부서지고 마는 것이지만
그 비춤의 속성은 생멸의 두 갈래 길을 벗어나 영원하다.

사람과 사람,
거울과 거울이 만나
무심히 서로를 비출 뿐이다.

19
선지식을 찾아라

보통 이 공부를 성취하지 못하는 이들은 그 원인을 찾아 스스로를 납득시키고 위안하려 하는 경향이 있다. 업장이 두터워서, 알음알이가 많아서 등등의 이유를 찾는다. 그것이야말로 도(道)를 장애하는 업장이자 알음알이다. 깨달음을 구하는 것 자체가 업장이요 알음알이로서, 깨달음을 가로막는 가장 큰 장애다. 그렇다고 깨달음을 구하지 않고 손 놓고 지낼 수도 없다. 이 역설을 뛰어넘는 것이 공부인이 맞닥뜨린 첫 번째 은산철벽이다. 이 난관을 뛰어넘는 한 가지 활로가 바로 눈 밝은 선지식에게 의지하는 것이다. 언제나 분별의 양 갈래 길에서 어찌할 바 모르는 공부인에게 그 양 갈래 길을 초월하여 가로지르는 하나의 길을 제시하는 것이 바로 선지식의 역할이다.

아직 분별 속에서 벗어날 활로를 못 찾은 입장이라면 반드시 선지식의 가르침에 의지하여야 한다. 자기가 자신의 허점을 살펴본다는 것은 말처럼 쉽지 않은 일이다. 그래서 경험 많은 이에게 지도를 받는다면 헛된 노력을 줄이고 시간을 절약할 수 있다. 사람을 죽이는 데 많은 칼질이 필요한 것이 아니다. 촌철살인이라 하듯 급소에 단 한 방만 침을 놓으면 멀쩡한 사람을 죽일 수 있고, 죽은 사람을 다시 회생시킬 수 있는 것이다. 스스로 전도된 이에게 자신의 허물을 일깨워 문득 본래 제자리로 돌아오게 하는 힘이 선지식에게 있는 것이다.

이 공부의 결론은 간단하다. 우리는 본래 깨달아 있고 아무 문제가 없다. 이 한마디가 절대적으로 긍정이 안 되면 알음알이의 장애가 있고, 자신은 아직 깨닫지 못한 미혹한 중생이고, 그러므로 깨달음을 기다리며 노력해야만 한다. 그것이 바로 알음알이의 장애임을 죽었다 깨어나도 알지 못한다. 이렇게 일러 주어도 스스로 돌아볼 힘이 없다. 그러니 어서 선지식을 찾아 지도를 받아라. 살아 있는 선지식의 말과 행동에는 그 이상의 어떤 힘이 있다. 그 힘은 원래 가르침을 받는 사람이 만들어 내는 것이다. 공부하는 사람의 믿음과 성실성이 그 힘의 원천이다.

간절한 마음으로 선지식의 가르침을 믿고 따르다 보면 문득 생각을 벗어나는 체험을 하게 된다. 분별 망상의 실상을 있는 그대로 보는 경험을 하는 것이다. 그 경험을 통해 비로소 분별 망상, 생각의 업력에서 자유로워지는 힘을 얻게 되는 것이다. 상상 속의 괴물이 그저 상상에 불과한 것임을 분명히 깨달으면 더 이상 그 괴물을 두려워하지 않게 되는 것과 같다. 자신의 직접적인 경험을 통해 깨닫는 것, 이것이 불교의 본질이다. 그러한 체험과 깨달음은 멀리 있는 것이 아니다. 바로 지금 이 순간의 직접적인 체험이 바로 그것이다. 이미 자신에게 부족함 없이 갖춰져 있는 것, 바로 자신의 진정한 존재 자체가 깨달음이다. 이 미묘한 실체 아닌 실체를 문득 확인하게 되는 것이 깨달음이다.

물을 마셔 보고 그 차갑고 따뜻함을 스스로 아는 그것은 차갑지도 않고 따뜻하지도 않다. 그 있지도 않고 없지도 않은 물건은 언제나 쓰고자 하면 바로 작용하지만, 객관화하여 드러낼 수는 없다. 우리 평소의 마음, 의식 상태가 모두 그대로 이것이지만, 그 어떤 특정한 마음, 의식 상태가 이것 자체는 아니다. 잡으려 하면 잡을 수 없지만, 놓칠 수도 없고 버릴 수도 없다. 바로 지금 이것이다. 생각을 굴릴 필요가 없다. 바로 지금 그것이다. 스스로를 확인하라. 보고 있음을 통해 자기 눈의 존재를 확인하듯이 곧장 이 자리에서 알아차려라. 이래도 안 된다면 어서 선지식을 찾아 나서라. 자기 생각의 울타리를 두들겨 부숴 줄 이를 찾아 떠나라. 인식의 전환, 존재의 변형은 단 한 순간에 일어난다.

20
벌거벗은 임금님

옛날 어느 나라에 욕심 많은 임금이 있었다네. 하루는 거짓말쟁이 재봉사와 그의 친구가 임금을 찾아와 세상에서 가장 멋진 옷을 만들어 주겠다고 제안하며, 이 옷은 입을 자격이 없고 어리석은 사람에게는 보이지 않는 특별한 것이라고 이야기했다네.

임금은 기뻐하며 작업실을 내주고, 신하들에게 두 사람이 작업하는 것을 살피라고 명령했다네. 아무리 보아도 신하들의 눈에는 아무것도 보이지 않았지만, 어리석음이 탄로날까 봐 두려웠던 신하들은 모두 멋진 옷이 만들어지고 있다고 거짓말을 하였다네.

시간이 지나고 재봉사는 임금에게 옷이 완성되었다며 입어 볼 것을 권하였고, 옷이 전혀 보이지 않았지만 임금 역시 어리석음을 숨기기 위해 옷이 보이는 척 했다네.

결국 임금은 입을 자격이 없고 어리석은 사람에게는 보이지 않

는다는 새 옷을 입고 거리 행진을 하고, 그 모습을 본 한 아이가
"임금님이 벌거벗었다!"라고 소리치자, 그제야 모두 속은 것을
알아차리게 되었다네.

하하하!

벗이여, 이 동화는 마음공부에 대한 멋진 비유가 아닌가?

있지도 않은 '관념'의 옷을 입고 거들먹거리는
어리석은 임금과 같은 구도자들이 얼마나 많은가?

그들의 구도와 수행을 돋보이게 해 줄
수행담, 체험담, 개똥철학과 깨달음들.

하하하!

배꼽을 잡고 데굴데굴 굴렀다네.

재봉사와 재단사야말로
솜씨 좋은 선지식들이어서

훌륭한 방편으로

그들의 어리석음을 깨닫게 해 준 셈이네.

예수 가라사대,
너희가 돌이켜 어린아이들과 같이 되지 아니하면
결단코 천국에 들어가지 못하리라 하였다네.

21
듣는 자는 말이 없다

우리들은 흔히 자기 내면의 목소리, 내면에서 말하는 자를 자기 자신과 동일시한다.

'이래서는 안 돼. 도대체 뭐가 문제지? 아아, 미치겠네.'

좀처럼 입을 다물지 않고 쉴 새 없이 자신의 감정과 생각과 느낌을 언어화해서 떠벌리는 이 목소리의 주인공을 자기 자신이라고 믿고 살았다.

그러나 진정한 자기 자신은 이러한 모든 지껄임을 말없이 듣고 있는 자다.

그는 언어를 모른다. 그는 차별을 모르기 때문에 그 모든 차별의 언어, 그 수다스러운 지껄임을 묵묵히 들어 주는 것이다. 그는 완전한 침묵, 벙어리다. 사실 내면의 목소리조차 이 침묵으로부터 나온 것이다. 모든 드러나는 것의 드러나지 않은 배경이 이 침묵이다.

바로 지금 이 침묵을 느껴 보라. 나는 내면의 목소리를 듣고 있는 사람, 결코 스스로는 제한되지 않고 분리되어 있지 않지만, 모든 제한과 분리를 자유자재로 쓰는 자이다.

22
바로 이것!

오랜 세월 함께 이 공부를 해 왔던 벗이 물었다.
"나는 아직도 뭐가 뭔지 모르겠네. 그렇게 수많은 설법을 듣고 책을 읽었지만 아직도 뭔가 분명하지 않다네. 함께 공부하던 이들은 벌써 하나 둘 깨어났는데, 나만 아직 깜깜한 어둠 속에 홀로 있는 듯한 느낌이네."

내가 말했다.
"벗이여, 내게 솔직하게 말해 주게. 자네가 찾고 있는 것은 진정 무엇인가? 그 오랜 세월 동안 스승은 늘 한결같이 말해 주지 않았던가? '바로 지금 이것'이라고! 우리가 지금 이렇게 숨 쉬고 대화를 나누는 이 모든 것이 그대로 그것이라고 말해 주지 않았는가? 벗이여, 정말 솔직하게 말해 주게. 행여 자네 자신도 모르게 뭔가 다른 것을 구하고 있었던 것은 아닌가?"

벗이 말했다.

"글쎄, 정말 모르겠네. 정말 내가 무엇을 구하고 있는지도 모르겠네. 내가 뭐가 잘못된 것인가? 왜 자네가 아는 것을 나는 모른단 말인가? 부탁이니 나를 두들겨 패서라도 깨워 주게."

내가 말했다.
"벗이여, 잘 들어 보게. 그동안 듣고 읽고 생각했던 모든 것을 잠시만 접어 두고 그저 내 이야기에 귀를 기울여 보게.

이것은 정말 단순한 사실이라네. 결코 어려운 일이 아니라네. 오랜 세월을 애쓸 이유가 없는 일이라네. 바로 지금 여기 우리에게 없는 무엇을 찾는 것이 아니라, 언제나 우리를 떠나지 않는 참된 우리 자신을 문득 확인하는 것일 뿐이라네.

이 단순한 사실을 보지 못하게 막는 것은 오직 자신의 한 생각뿐이라네. 그 한 생각이 자네와 실재 사이에 미세한 틈을, 막연한 경계선을 만들어 놓은 것뿐이라네. 그 생각을 통해 이것을 확인할 수는 없다네.

그 한 생각만 내려놓을 수 있다면, 그 한 생각만 쉴 수 있다면 본래 있는 이것을 바로 확인할 수 있다네. 그러나 생각을 내려놓으려 하거나 쉬려고 하는 것은 도리어 또 다른 생각을 일으키는 일일 뿐이라네.

생각은 곧 분별이라네. 우리가 생각하는 순간, 자신도 모르게 생각하는 '나'와 '생각'이 따로 있는 듯한 분리감이 생겨난다네. 따라서 '나'는 곧 생각의 그림자라네. 생각이 있으면 '나'도 있고, 생각이 없으면 '나'도 없다네.

이 허망한 그림자에 불과한 '나'는 자신의 존재를 확인하기 위해서 끝없이 '생각'한다네. 정작 자신은 생각의 그림자일 뿐인데, 마치 자신이 독립적으로 생각하는 주체인 것인 양 스스로 속고 있다네. 이것이 바로 근본 무명, 우리들의 미혹일세.

참된 우리 자신, 우리들의 참나는 유일한 실재라네. 그것은 생각의 추인(追認)을 필요치 않는다네. 생각할 필요조차 없는 것, 의심의 여지 없이 분명한 것이라네. 이 말을 명심하게. 참나는 내가 있는 것인지 없는 것인지 생각으로 확인할 필요조차 없는 것이라네.

탕! (책상을 치며)

벗이여, 이 소리는 어디서 와서 어디로 갔는가? 소리라는 대상을 생각하기 이전에 이미 그 듣는 작용, 듣는 성품은 분명하지 않은가? 한 생각 일으키지 않아도, 탕! 분명하지 않은가? 제발 소리를 따라가지 말게. 있다 없다 따지기 이전에, 탕! 분명하지 않은가? 어떤 생각을 일으켜도, 탕! 생각과 상관없이 분명하지 않은가?

생각 이전에 있는 무엇이라고 헤아리지도 말고, 들을 줄 아는 작용, 성품, 마음 따위의 개념을 다시 생각으로 더듬지 말게. 그저, 탕! 이 나타났다 사라지는 소리와 함께, 소리 자체이면서도 결코 나타나지도 사라지지도 않으면서 늘 배경처럼 있는 이 텅 빈 것 같은 실체를 즉각 알아차려 보게.

탕!

탕!

탕!

결코 시간이 필요치 않네. 결코 생각으로 확인할 필요가 없네. 한시도 떨어진 적이 없다네. 이것이 우리의 참 존재, 참나, 우리의 본래면목이 아닌가? 자꾸 생각으로 파악하려고, 알려고 하지 말게. 그런 행위가 이것과의 직접적인 만남을 가로막고 있다네. 그저 탕! 여기서 분명하게!

단 1초만이라도 좋네.

탕! 여기!

탕! 여기!

탕! 여기!

이것을 붙잡아서 확인하려 하지 말게. 붙잡지 않아도, 개념화하지 않아도 분명하지 않은가? 이 알 수 없지만 분명한 것에서 모든 생각을 쉬게. 이것은 내가 어찌할 수 없는 것이라네. 내가 어찌하지만 않으면 늘 있는 그대로라네. 바로 이것이라네."

탕!

벗은 촉촉이 젖은 눈으로 아무 말 없이 앉아 있었다.

23
백척간두진일보

사랑하는 나의 벗이여!

말과 개념이 우리를 데려다 줄 수 있는
최후의 지점까지 왔다면,
이제 마지막 한 걸음을 내디뎌야만 한다네.

모든 것이 마음이다.
온 세상이 하나의 의식이다.
순수한 알아차림만이 존재한다.
모든 것이 '나' 하나로 귀결된다.

이 아슬아슬한 장대 끝에서
마지막 도약을 감행해야만 한다네.

어디에도 의지할 곳 없고

어디에도 발 디딜 곳 없는

알 수 없음 또는 텅 빔,
신비 혹은 불가사의 속으로
그대의 온 존재를 던져야만 한다네.

두렵기도 하고 의심쩍기도 하고,
할 수 있다면 피하고 싶겠지만,

사랑하는 벗이여,
그 마지막 도약을 감행하지 못한다면,
불안하고 안정되지 못한 말과 개념의 장대 끝에서
끝없는 균형 잡기로 편히 쉴 날이 없다네.

"어떻게?"라고 묻지 말고
두 눈 질끈 감고 한 발 내딛게.

"어디로?"라고 묻지 말고
온몸을 허공으로 내던지게.

그 순간
문득

나와 세계라는 구분은 사라지고

참으로 둘 아닌 하나가 된다네.

원은 완성되었다네.

24
생각 속에는 답이 없다

벗이여, 나의 말과 나의 글에 속지 말게.

나의 말과 글을 이해하면
무언가를 이해하고 얻을 것이라는
생각은 하지 말게.

나의 말과 글은 그저
그대의 생각을 잠시 멈추게 하기 위한 수단일 뿐이네.

그대가 찾는 진리는 결코 먼 곳에 있지 않다네.
결코 그대를 떠나서 있지 않다네.

그대 자신이 바로 진리라네.
이 세상 전체가 바로 진리라네.

그러나 진리는 진리의 모양을 가지고 있지 않다네.

그래서 그대가 나의 말과 글을 취해서
그 말과 글에 걸맞은 어떤 것을 찾으려 한다면,
과거, 현재, 미래의 모든 시간과
여기, 저기, 거기의 모든 공간을 헤맨다 하더라도
결코 내 말과 글이 가리키는 것을 찾지 못할 것이네.

내 말과 글이 가리키는 것은 오직 하나라네.
바로 지금 여기 이것!
있는 그대로의 그대와 세상 전체.

생각의 거름망을 거치지 않고
바로 지금 여기 이것을 직접 대면하게 될 때
그대는 이른바 깨달음을 얻을 걸세.

나와 세상 전체가 둘이 아님을,
다양성과 전체성이 둘이 아님을,
깨달음을 얻는 것이 깨달음을 얻는 것이 아님을
진실로 깨닫게 될 걸세.

벗이여, 그대의 유일한 무기,

연약한 그대를 감싸고 있는
생각이라는 갑옷을 벗게나.

그대는 이미 완전하다네.
불완전마저 포함하고 있는 완전한 완전함이라네.

그대는 결코 깨달을 수 없다네.
그래서 그대는 깨달을 수 있는 것이라네,

그대는 결코 깨달음을 얻을 수 없다네.
그래서 그대는 깨달음을 얻을 수 있는 것이라네.

그대는 결코 그대 자신이 아니라네.
그래서 그대는 그대 자신일 수 있는 것이라네.

벗이여, 이 사랑의 언어에 진실로 귀를 기울이게나.
이 말과 글에서 어떤 의미를 취하려 하지 말게나.

그저 듣게.

이해하려 하지 말고 이해하지 않으려 하지도 말게.
이렇게도 하지 말고 저렇게도 하지 말게.

멈추게.
꼼짝 말게.

이것은 알 필요도 없고 모를 필요도 없다네.
그저 존재하게.

생각 속에는 결코 답이 없다네.
그대의 직접적인 경험만이 유일한 답이라네.

바로 지금 여기 이것이 유일한 답이라네.
바로 이것이라네.

그저 존재함 자체를 느껴 보게.

존재를 느끼는 자도,
존재하는 자도,
존재함도 없다네.

그 모든 것은 생각이라네.
그것은 실재가 아니라네.

그런데 이것은 무엇인가?

이것은 도대체 무엇인가?

이것!

이!

!

.

25
선의 언어

착한 벗이여!

선(禪)의 언어는
흡사 사랑에 빠진 연인들의 대화와 같다네.

한 번도 사랑을 해 본 적 없는 심리학자가
커피숍 옆 자리에서
사귄 지 얼마 되지 않은 연인들의 대화를 관찰하다가
미쳐 버리고 말았다는 이야기를 알고 있는가?

그들은 여섯 시간 십육 분 사십오 초 동안
어제 보았던
개그프로그램 세 꼭지와,
드라마 속 여주인공의 장래와,
친구들과 카톡으로 주고받은

시시껄렁한 농담과,
암담한 한국 정치와,
새끼발가락에 새로 생긴
무좀의 효과적인 치료 방법과,
재수 없게 서빙 하는 알바생에 대한 험담과,
해질 무렵 커피숍을 나가면 먹을
저녁 메뉴에 대해서만
이야기를 나눌 뿐

단 한 마디도
나는 너를 사랑하고 있나 봐,
너만 보면 가슴이 떨려,
너 때문에 잠도 제대로 못 자,
너와 입 맞추고 싶어,
내 마음을 너에게 전하고 싶어,
네 눈을 보고 있으면 너무나 행복해,
따위의 말을 주고받지 않았기 때문이라네.

우습지 않은가,
나의 벗이여!

심리학자는

사랑이 뭔지 전혀 모른다네.

참된 사랑의 감정을 전달하기에는
'사랑'이란 직접적인 어휘는
너무나 어울리지 않는다는 사실을
그는 모른다네.

자신이 경험해 보지 못했으므로.

그 때가 묻고 표준화되고 여러 개념으로 덧칠된 어휘로는
진정한 자신의 감정을 전달할 수 없다는 사실을.

사랑에 빠진 연인에게
기표(記標, 시니피앙)와 기의(記意, 시니피에)[15]의
결합 따위는 아무래도 상관이 없다네.

그들에겐 어떤 말소리도
그 말소리의 어떤 뜻도

---

15 언어적 기호에 있어서 기표(단어의 소리)는 청각적인 형태로서 용어 사이의 차이를 말하며, 기의(의미되는 내용)는 용어에 의해 의미되는 개념을 말한다. 전자는 기호 형태이고 후자는 기호 내용이라고 볼 수 있다. 이 구분은 소쉬르(Saussure)가 도입한 것이며 소쉬르에 의해 소개되었다

모두 사랑이라네.

심지어 그들의 눈빛과 호흡과 몸짓과 주변의 공기마저도

모두 사랑이라네.

시시했던 개그에 관한 이야기도,
드라마 속 여주인공의 발 연기 이야기도,
친구들과 주고받은 문자 내용도,
어이없는 한국 정치 이야기도,
새끼발가락 무좀 이야기도,
타인에 대한 험담과 저녁 메뉴 고르는 것도

모두
사랑, 사랑, 사랑에 관한
이야기였다네.

아니,
이야기 아닌 이야기였다네.

사실 그들은 이야기 내용에는
신경도 쓰지 않고 있었다네.

그저
이야기를 하고 있고
이야기를 듣고 있다는
사실이 중요할 뿐.

그 말소리와 말뜻과 상관없이

늘 변함없는 한 가지 진실한 것만
소통되고 있다는 것이
그 둘 사이에는 너무나 분명하기 때문에.

벗이여, 알겠는가?

나의 이 모든 이야기 역시 다르지 않음을?

26
수행과 깨달음

사랑하는 벗이여!

이 길은 수행을 통해 깨달음을 얻는 것이 아니라네.

수행을 할 수도 있고 안 할 수도 있겠지만,
수행의 결과로 깨달음이 주어지는 것만은
결코 아니라네.

수행이란
바로 지금 여기의 나를 부정하고
언젠가 저기의 어떤 상태에 도달하려는
움직임, 욕망 아닌가?

수행 그 자체가 이미 분별인데
어찌 분별을 초월한

둘 아닌 하나에 도달할 수 있겠는가?

이미 둘로 나누어 놓았는데,
어찌 그것을 수행이란 행위를 통해
하나로 만들 수 있겠는가?

설사 하나로 만든 것처럼 보인다 해도
노력을 통해 이루어진 것이기에
조금만 방심해도 다시 원래의 상태로 돌아가니
끝없는 수행의 쳇바퀴,
하루도 쉴 틈 없이 챙겨야 하지 않겠는가?

우리의 분별심은 언제나
수행을 하느냐, 하지 않느냐,
이 두 갈래에서 갈팡질팡한다네.

그러나 벗이여!
이렇게 생각해 보는 것은 어떨까?
전혀 다른 길이 있지 않을까?

수행을 긍정하는 길과
수행을 부정하는 길 말고,

바로 지금 그대가 서 있는
그 자리로 바로 돌아가는 길.

그대가 서 있는 곳이기에
한 걸음 옮길 필요 없이
정신만 차리면
이미 그 자리에 도달해 있는 길.

길 없는 길.
길 아닌 길.

어떻게 그 길을 갈 수 있을까?
어떻게 그 자리에 도달할 수 있을까?

이러한 질문이 얼마나 우스운 것인지 알아차리겠는가?

'어떻게'를 묻는 자가 바로 분별심이라네.

이미 그 자리이기에
길을 갈 필요가 없다네.
이미 도달해 있기에
그 자리에 도달할 수 없다네.

그렇다면 그대가 할 수 있고, 해야 하는
유일한 길은
이 오도 가도 못할 길,
이 꼼짝달싹 못할 자리에서
가만히, 그저 가만히
있는 것뿐이라네.

생각은 미친 듯이 요동을 치겠지만,
부정하고 싶고, 거부하고 싶고, 회피하고 싶은
마음의 움직임, 상태들이
무서운 마군(魔軍)처럼 그대를 압도하겠지만

그 모든 것들을
수용하고
포용하고
받아들이면서
그 자리에 그저 머물러 있어야 한다네.

죽으면 죽으리라.

그대 머릿속의 비명소리에 속지 말고
그대 가슴에서 느껴지는 침묵을 따라야 한다네.

바로 지금 여기
이 자리 눈앞에서
진리가 생생하게 살아 있지 않고

언제가 저기에서
어떤 묘한 상태 속에 들어 있을 때만
진리를 감지하고 확인할 수 있다면

그 진리는 일시적인 환상이나
비일상적인 감각과 무엇이 다른가?

수행은 지금 여기를 회피하는
가장 교묘한 수단이라네.

참된 수행은
바로 지금 여기에서
있는 그대로의 진실을
문득 확인하는 것,

깨달음만이 진정한 수행이라네.

모든 의도와 노력이 다한 곳,

우리의 분별로는 도저히 도달할 수 없는 곳,

마치 죽음의 구덩이처럼 보이지만
그곳이야말로 부활의 동굴이라네.

그 알 수 없음 속으로
그 황망함 속으로
그 불가사의 속으로

다리를 질질 끌며
끌려 들어가야 한다네.

제 스스로는
죽었다 깨어나도 갈 수 없는 곳이지만

그대의 의도와 노력이
저절로 포기되는 순간,
흡사 블랙홀처럼 그것이 그대를 빨아들인다네.

일단 호랑이 아가리에 머리를 들이밀었다면,
그대가 살아 돌아오기는 불가능하다네.

정성이 지극하면 하늘도 감동하나니
이것은 어쩌면 은총일지도 모르네.

사랑하는 벗이여!

그대가 할 일을 다하였거든
이제 그만 모든 것에서 손을 놓게.

그대가 손을 놓아도
그대 가슴속에서 심장은 뛰고
대지 위로 태양은 떠오르며
천체는 저마다의 궤도를 따라 운행한다네.

벗이여,

이제 그만
자기에게 돌아오게.

바로 지금 여기
이 자리.

27
얻을 수 없음

친애하는 나의 벗이여,

우리는 마음의 평화와 삶의 안식, 생사의 굴레에서 벗어난 자유를 얻고자 오랜 세월을 함께 이 길을 걸어왔네.

그러나 과연 지금 우리는 우리가 얻고자 한 것을 진정 얻었는가?

지극히 짧은 순간 지고의 경지를 맛보았으나, 우리는 여전히 이 길 위에서 헤매고 있지 않은가?

그 놀라운 각성의 순간이, 영원할 것만 같았던 황홀경이 지나고 그만큼 더 비참하고 어지러운 혼돈의 나락으로 다시 떨어지곤 하지 않았는가?

무엇이 잘못된 것일까? 우리가 무엇을 놓친 것일까?

단순히 우리의 노력이 부족한 탓일까? 더욱 철저한 금욕과 헌신, 더 이상 나아갈 수 없는 초인적인 수행으로 자신을 채찍질해 나가야만 하는 것일까?

여보게, 나의 오랜 벗이여! 혹시나 우리는 애초부터 얻을 수 없는 것을 얻고자 했던 것은 아닐까?

그저 풍문에 불과한 자유, 평화, 진리, 깨달음, 해탈을 찾아 어리석게도 바깥으로 찾아 헤맸던 것이 아니었을까?

우리가 그렇게 애를 썼음에도 그것들을 찾지 못한 건, 이렇게 말하는 나도 믿기 힘들지만, 그것들이 우리 본래의 모습이고, 오직 그것들만 존재하기 때문이 아닐까?

우리가 먼 길을 찾아가 가르침을 구했던 이른바 깨달았다는 스승들은 한결같이 이렇게 말했다네.

그대 자신을 알라고! 그대가 바로 그것이라고! 그대가 곧 부처라고! 바로 지금 이것이라고! 있는 그대로 완전하다고! 그대가 찾는 깨달음은 없다고!

그럴 때마다 우리는 머리를 갸웃거리며 우리가 이해할 수 있는 설명을 주는, 보다 구체적인 수행 방편을 주는 다른 스승들을 찾아 그들을 떠나갔다네.

그러나 벗이여, 그 결과는 어떠했는가?

우리는 여전히 목이 마르지 않은가? 남부럽지 않은 영적 지식과 수행 경험을 쌓고 쌓았지만 정작 우리 자신은 진정한 휴식을 맛본 적이 없지 않은가?

친애하는 나의 벗이여, 나는 이제 이 끝없는 여행을 그만두려 하네. 이 방법에서 저 방법으로, 이 스승에서 저 스승으로, 이 책에서 저 책으로 옮겨다니는 이 끝없는 순례를 그만두려 하네.

이제 나는 그저 나 자신으로 남아 있겠네. 더 이상 진리와 깨달음, 자유와 평화, 해탈과 열반을 구하지 않겠네.

어쩌면 얻을 수 없음이야말로 진정한 얻음일지도 모를 일이 아닌가? 허공이 세상 만물을 모두 감싸 안듯, 이제 내 삶 앞에 다가오는 모든 인연을 두 팔 벌려 맞이하겠네.

위험하다면 위험하라지! 불행해진다면 불행해지라지! 죽는다면 죽으라지! 그 불안과 두려움마저 두말없이 받아들이겠네.

아아, 벗이여, 사랑하는 나의 벗이여!

이제 알겠네. 나는 한 번도 나 자신을 믿어 본 적이 없다는 사실을! 나를 이렇게 작고 초라하고 부족한 사람으로 만든 사람이 바로 자기 자신이란 사실을!

단 한 순간도 나 자신이었던 적이 없었던 나. 늘 자신의 내부와 외부를 살펴보면서 보이는 대상을 나로 알고서는 정작 살펴보는 그 시선을 살펴보지 못했던 나.

나와 세상은 한시도 둘로 분리되어 존재한 적이 없었는데, 나는 내가 세상 안에 따로 존재한다고 믿고 있었다네. 언제나 하나였는데 오직 생각 안에서만 둘이었다네.

벗이여, 어쩌면 깨달음으로 추구가 끝나는 것이 아니라, 추구의 끝이 바로 깨달음일지도 모를 일일세. 길이 끝나는 지점에서 진정한 여정이 시작되었다네.

28
내가 컵을 보고 있는 게 아니다

내가 컵을 보고 있는 게 아니다.

나를 보고 있는 것이
컵도 보고 있는 것이다.

따라서 나와 컵은 하나의 인식 대상,
경계라는 면에서 동일하다.

주관과 객관은 허구적인 분별이다.

여기서 조심할 것은
나를 보고, 알아차리는 '것'
컵을 보고, 알아차리는 '무엇'을
상정하는 행위이다.

주시자, 알아차림 등등
그 어떤 것도 또 다른 인식 대상,
곧 경계일 뿐이다.

아메바처럼 무한 증식하는 분별,
그 분별의 모양을 따라가면 속는다.

다만 한 번의 바라봄,
즉각적인 일견,
직접적인 터치가 필요하다.

어느 서스펜스 영화처럼
스스로 살아 있는 사람이라 믿었던 주인공이
불현듯 자신이 유령이었다는 사실을 깨닫듯
인식의 대전환이 찾아와야 한다.

바다의 깊이를 재려고
바다로 들어간 소금인형처럼
흔적도 없이 사라져야 한다.

진실을 만나는 순간
자연스레 그런 일이 벌어진다.

그래야
나는 그대로 나이고
컵은 그대로 컵이며

내가 컵을 보고 있는 것이
컵이 나를 보고 있는 것이며

내가 그대로 컵이고
컵이 그대로 나임에

아무 걸림이 없게 된다.

나와 컵은 둘이 아니다.
나와 컵은 하나도 아니다.

내가 컵을 보고 있는 게 아니다.
컵이 나를 보고 있는 것도 아니다.

나와 컵이 있는 게 아니다.
나와 컵이 없는 게 아니다.

나도 아니고

컵도 아니고
보는 것도 아닌 것을

한 번은 쓱 확인해야 한다.

바로 지금 여기서

이렇게.

29
참 마음과 거짓 마음 1

죽비를 딱 친다.

내가 있다.
내가 죽비를 본다.
내가 죽비를 친다.
내가 죽비 소리를 듣는다.

모두 허망한 분별, 망령된 마음의 소산이다.
모두 인연으로 화합하여 있는 듯 없는 것으로 생주이멸(生住移滅)하는 것이다.

죽비를 딱 친다.

내가 있다.
내가 죽비를 본다.

내가 죽비를 친다.

내가 죽비 소리를 듣는다.

모두 진실한 마음, 참된 나의 소식이다.

나도, 죽비도, 소리도 아니지만 나로, 죽비로, 소리로 드러난다.

죽비를 딱 친다.

죽비 소리라는 경계를 따라가면

나도 있고 소리도 있다.

죽비 소리라는 경계의 근원을 문득 확인하면

나는 나가 아니요, 소리는 소리가 아니다.

죽비를 딱 친다.

어리석은 강아지는 소리를 뒤쫓아 달려간다.

용맹한 사자는 되돌아서 소리 내는 놈을 덥석 문다.

죽비를 딱 친다.

소리는 모양이다.

소리라는 모양을 통해 모양 아닌 것을 알아차린다.
모양이 모양이 아님을 볼 때 여래를 본다.

죽비를 딱 친다.

소리 나기 이전과, 소리와, 소리가 사라진 뒤가 한결같다.
소리 있음과 소리 없음이 둘이 아니다.

죽비를 딱 친다.

딱!

30
참 마음과 거짓 마음 2

　이 공부를 함에 있어 가장 기본적으로 알아 두어야 할 요긴한 사항이 하나 있다.

　바로 지금 이렇게 생각하고 헤아리는 이 분별의식(거짓 마음)을 '나'라고 여기고, 그 '나'가 공부를 지어 간다는 무의식적 믿음, 전제를 한 번도 엄밀하게 살펴보지 않았다는 점이다.

　이 점을 분명히 해 두지 않으면 설사 문득 깨달음을 체험하였더라도 그것을 습관적으로 '나'의 체험, '나'의 깨달음으로 귀속시키는 바람에 다시 미망의 구렁텅이에 빠져 헤매게 되는 것이다.

　깨닫기 전이나 깨달은 후나 늘 문제는 바로 이 '나'라는 놈이다.

　이 '나'라는 것이 얼마나 의식되고 실제적이냐에 따라 '나' 아닌 대상경계의 실제성도 결정된다. '나'와 대상경계는 늘 연기적으로, 상호의존적, 상보적으로 존재하기 때문이다. '나'가 분명히 있다면 대상경계도 분명히 존재하는 것이다.

알음알이, 앎이란 반드시 아는 '나'와 알려지는 대상경계 사이에서 일어난다. 앎은 항상 분리를 전제로 하고 있다. 앎 역시 모름과 짝을 이루어 존재한다. 앎이란 언제나 부분적인 것으로 결코 전체를 알 수 없다.

알음알이로 이 공부를 접근하면 안 되는 이유 중 하나는, 뭔가를 안다는 것은 늘 부분만을 안다는 것이다. 모르는 부분이 있기에 앎이 성립하는 것이다. 그래서 뭔가를 아는 '나'는 언제나 모르는 '나'가 될 수 있다. 그러므로 불만족스럽다.

'나'는 언제나 앎에 집착한다. 생각하고 헤아리는 이 분별의식('나')은 허상에 불과한 것이기에 끊임없이 자신을 대상경계와 분리시켜야만 스스로 존재하는 것처럼 느낀다. 심지어는 '나' 스스로도 분열되어 '에고'와 '슈퍼에고'와 같은 분리가 있는 것이다.

이 자기 분열된 '나'가 자신의 본래면목을 찾는 이 공부를 하는 주체인 양 앞장을 서는 것이 문제이다. 마치 어리석은 강아지가 자기 꼬리를 자기와 다른 대상인 줄 착각하고 그것을 물기 위해 제자리에서 뱅글뱅글 맴도는 것과 흡사하다.

찾는 놈이나 찾고 있는 대상이나 결코 분리되어 있는 것이 아닌데도, '나'는 분명 자기가 찾는 대상과 따로 있는 것이라 굳게 믿고 있기에 스스로를 의심할 생각을 내기가 어렵다. 흔히, 발밑을 돌아보라, 물고기가 물을 찾는다, 눈을 가지고 눈을 찾는다, 소를 타고 소를 찾는다는 비유가 지적하는 문제점이 바로 그것이다.

이 공부는 얻어야 할 깨달음, 진리, 법이 없다. 그 모든 망상은 '나'가 그런 것들과 분리되어 존재한다는 무의식적 전제의 소산이다. 과연 그러한지 그것을 살펴봐야 하는 것이다. 동서고금의 성현이 일관되게 전하는 가르침의 핵심은 하나임, 둘 아님이다.

진정한 하나임과 둘 아님에서는 앎도 성립하지 못하고 모름도 성립하지 못한다. 얻음도 성립하지 못하고 잃음 역시 성립하지 못한다. '나'도 성립하지 못하고 대상경계도 성립하지 못한다.

따라서 이 문제를 해결하지 못했다면 '나'를 이 공부의 주체로 삼아서는 안 된다. '나'가 공부하고, '나'가 체험하고, '나'가 깨달음을 얻는 것이 결코 아니다. 그런 식으로 공부를 해 나가면 아무리 공부 경계가 달라지고 앎이 확장되어도 여전히 둘을 면하지 못한다. 언제나 미진한 구석이 남아 있어 공부를 원만하게 마칠 수가 없다.

실제로는 아무 분리도, 앎도, '나'라는 주체도 서지 못하는 참된 마음 하나뿐이다. 진정 하나뿐이면 앎도 없고 모름도 없다. 얼음도 없고 잃음도 없다. '나'도 없고 대상경계도 없다. '나'가 있어도 '나'가 아니다. 생각이 있어도 생각이 아니다. 말과 행위가 있어도 말과 행위가 아니다.

분리된 '나', 생각하고 헤아리는 분별의식이 결코 어찌할 수 없는 이 공부를 하기 위해서는 '나'를 앞세우지 말아야 한다. 그래서 전통적으로 하심하라, 순복하라, 헌신하라, 인욕하라 하는 것이다. 앞뒤를 따지지 말고 법문만 들으라고 하는 것이다.

자기가 자기 공부 과정을 안다면 필시 '나'를 앞세워서 하는 공부다. 공부를 할수록 뭔가 알 것 같고 분명해진다면 알음알이로 하는 공부다. 제대로 공부하면 공부가 되어 가는 것인지 안 되어 가는 것인지 도무지 모르는 상태로 들어간다. 답답하고 불안하고 미칠 지경이 된다. '나'가 힘을 못 쓰기 때문이다. 알음알이가 꼼짝 못하기 때문이다.

선지식을 찾아야 하는 이유가 바로 이 때문이다. '나'를 앞세우지 않고 선지식의 가르침에 의지해 미망과 분별의식을 극복하는 것이다. '나'에게는 제 발로 죽음을 향해 걸어가는 것 같은 길이 참된 자기, 영원한 자기, 유일한 자기로 다시 태어나는 부활의 길이다. 한마디 말끝에 문득 참된 자기를 확인하면 진정한 자기 자신은 어떠한 한계도, 분리도 없는 전체, 둘 아닌 하나임을 깨닫게 된다.

그대는 어떤가?

31
참 마음과 거짓 마음 3

내가 분명히 있고
바깥의 대상이 분명히 존재하고
느낌과 감정과 생각이 분명히 일어난다고
믿고 있는 것이 거짓 마음이다.

내가 분명히 있지만 따로 있는 것이 아니고
바깥의 대상이 분명히 존재하지만 따로 존재하는 것이 아니고
느낌과 감정과 생각이 분명히 일어나지만 따로 일어나는 것이
아닌 줄을 알면 그것이 참 마음이다.

눈앞에서 벌어지는 모든 일이
모두 제각각 따로 있다면 거짓 마음이고,

제각각 벌어지는 일이 그대로
별개의 사실들이 아님을 아는 것이 참 마음이다.

손뼉을 딱 쳐 보라.

내가 따로 있고
손뼉 치는 일이 따로 있고
손뼉 소리가 따로 있다면 거짓 마음이다.

나도, 손뼉 치는 일도, 손뼉 소리도 다 있지만
그 어떤 것도 분리되어 있지 않다면
그것이 바로 참 마음이다.

32
가짜 나와 진짜 나, 그리고 오매일여

입을 열기도 전에 그르쳤다. 아니, 생각을 일으키기만 해도 어긋난 일이다. '이것'에 대한 모든 말이 모두 허물을 무릅쓰고 어찌할 수 없어서 하는 말일 뿐이니 어떤 말도 그저 방편의 말일 뿐임을 밝혀 두고 말한다.

이 공부의 문턱을 넘기 위해서는 어떤 것이 '진짜 나'이고 어떤 것이 '가짜 나'인지 구별할 수 있는 안목이 있어야 한다. 그러한 두 개의 '나'가 실재하는 것은 아니지만 이것을 구별하지 못하면 흐리멍덩한 상태에서 무의미한 맴돌이만 할 가능성이 높다.

가능한 짧게 이야기하자면, 우리의 의식과 무의식 전체가 '가짜 나'이다.

보통 불교 교학에서 심(心, 8식)[16], 의(意, 7식)[17], 식(識, 6식)[18]이라 하는 것이 보통 의식과 무의식에 해당한다. 감각적 지각과 '나'라는 사량 분별하는 자아의식, 잠재의식은 '진짜 나'가 아니다. 즉 우리가 알고 모르는 의식 전체가 '가짜 나'로, '진짜 나'가 아니다.

이것을 흔히 선가에서는 "도적을 아들로 잘못 알지 마라."는 말로 표현한다. 감각적 지각과 '나'라는 사량 분별의 주체, 그리고 잠재의식은 도둑이다. 이것을 '진짜 나'로 아는 것이 어리석음, 곧 무명의 업식(業識)[19]이다.

그렇다면 '진짜 나'는 무엇인가?

어떤 선지식은 8식의 미세망념까지 다 끊어져야 한다고 했고, 다른 선지식은 우리의 의식과 무의식을 넘어선 것이라 말한 바

---

16 아뢰야식(阿賴耶識), 무몰식(無沒識), 장식(藏識). 과거의 인식·행위·경험·학습 등에 의해 형성된 인상(印象)·잠재력, 곧 종자(種子)를 저장하고, 육근(六根)의 지각 작용을 가능하게 하는 가장 근원적인 심층 의식.
17 아뢰야식을 끊임없이 자아(自我)라고 오인하여 집착하고, 아뢰야식과 육식(六識) 사이에서 매개 역할을 하여 끊임없이 육식이 일어나게 하는 마음 작용으로, 항상 아치(我痴)·아견(我見)·아만(我慢)·아애(我愛)의 네 번뇌와 함께 일어남. 아뢰야식에 저장된 종자(種子)를 이끌어 내어 인식이 이루어지도록 하고, 생각과 생각이 끊임없이 일어나게 하는 마음 작용.
18 안(眼)·이(耳)·비(鼻)·설(舌)·신(身)·의(意)의 육근(六根)으로 각각 색(色)·성(聲)·향(香)·미(味)·촉(觸)·법(法)의 육경(六境)을 식별하는 안식(眼識)·이식(耳識)·비식(鼻識)·설식(舌識)·신식(身識)·의식(意識)의 여섯 가지 마음 작용.
19 과거에 저지른 미혹한 행위와 말과 생각의 과보로 현재에 일으키는 미혹한 마음 작용. 무명(無明)에 의해 일어나는 그릇된 마음 작용.

있다.

여기서 다시 한 번 말하지만, 방편의 말을 실다운 법이라 여겨 거기에서 어떤 도리를 지어서는 안 된다. 그렇게 헤아리는 것이 8식 안의 일이고, 의식과 무의식 속의 일이기 때문이다. 어쩔 수 없어서 '가짜 나'니 '진짜 나'니, 6식과 7식, 8식을 말하지만 그러한 말에 해당하는 실체는 없다.

도무지 생각으로 헤아릴 수 없는 고갯마루에 있는 이 관문이 바로 '오매일여'[20]다. 우리의 의식과 무의식, 6식과 7식, 8식은 꿈도 없는 깊은 잠을 통과할 수 없다. 감각적 지각과 '나'라는 주체감, 잠재의식에 투영된 객관세계는 꿈까지는 희미하게 존속하지만, 꿈도 꾸지 않는 깊은 잠 앞에서는 어떻게 손을 쓸 수가 없다.

불생불멸하는 것이 '진짜 나'라면, 잠과 깸의 경계에서도 당연히 일여해야 한다. 잠과 깸의 경계도 넘지 못한다면 어찌 생과 사라는 문제를 해결할 수 있겠는가? 그러한 의미에서 오매일여하지 않은 의식과 무의식, 6식과 7식, 그리고 8식은 '가짜 나'이다. 그러므로 반드시 이 공부를 하는 이는 오매에 일여한 '진짜 나'를

---

[20] 깨어 있을 때와 깊은 잠이 들었을 때가 다르지 않다는 말. 많은 구도자들이 이 말을 자나 깨나 어떤 특정한 의식의 상태로 머무르는 것으로 오해하는 경우가 있다. 그러나 오매일여란 말은 우리의 본성이 본래 잠과 깸이라는 두 가지 경계와 상관없는 것이란 의미이다.

깨달아야 한다.

이제까지 알고 체험한 것은 모두 의식과 무의식의 경계, 8식 경계 속의 일이다. 따라서 기존에 알고 체험한 모든 것을 내려놓아야 한다. 그것에 가로막혀 있는 한, 그것에 제한되지 않고 오매에 일여한 '진짜 나', 우리의 본래면목을 깨달을 수 없다. 여기에 다다르면 그 어떤 재주와 기량도 부릴 수가 없다.

자, 이러한 때에 어떻게 하면 이 오매일여의 관문을 통과할 수 있겠는가?

쿨쿨 코를 골며 잤어도 조금도 잠을 잔 바가 없고,
밤새 오뚝 깨어 있어도 오히려 백일몽 속에 있도다.

33
무경계 1

날씨가 맑은 날 창가에 프리즘 하나를 놓아두면 빛이 굴절되면서 빨주노초파남보로 빛의 스펙트럼이 나타난다. 이것을 이 공부에 대한 비유로 들어 보자.

투명한 광선은 우리의 본래 상태, 순수의식이다. 한량이 없는 무경계의 상태다. 그저 온전한 하나일 뿐 어떠한 분리도 없다.

프리즘을 통과한 빛의 스펙트럼, 곧 빨주노초파남보의 빛깔들은 우리의 현재의식, 분별의식이다. 그것은 서로 다른 경계들로 나누어져 있다.

그런데 빨주노초파남보로 드러난 빛의 스펙트럼 자체가 그대로 투명한 광선이다. 우리 눈에는 서로 다른 빛깔의 경계만 보이지만, 실제로는 그것이 있는 그대로 투명한 광선인 것이다.

경계 그대로가 무경계인 것이다. 경계를 벗어나 무경계가 되는 것이 아니다. 경계를 없애서 무경계를 이루는 것도 아니다. 경계와 무경계는 본래 둘이 아니다.

이것이 관자재보살이 오온(물질과 정신)이 모두 공(空)임을 비추어 보고 일체의 고통과 재난을 벗어난 소식이며, 무릇 모양 있는 것은 허망하니 모든 모양이 모양 아님을 보면 곧 여래를 보는 것이란 도리다.

34
무경계 2

많은 사람들이 스스로를 이 육체 안에 갇혀 있는
외로운 영혼, 정신, 의식, 자아라고 여긴다.

그리하여 다른 육체 안에 갇혀 있는
'당신'과 '그'들과는 다르다고 생각한다.

과연 그러한가?
스스로 살펴보라.

그대는 '자신의 육체' 안에 갇혀 있는가?
그대는 '자신의 두뇌' 속에 있는 정신, 의식, 영혼인가?

그렇다면 이 육체 바깥의 '세계'는 무엇인가?
그대 자신인 '나'의 바깥에 객관적으로 독립하여 존재하는가?

많은 사람들은 이러한 질문에 '그렇다'고 대답할 것이다.
주체인 '나'와 객체인 '세계'가 분리되어 있다는 것이 그들의 솔직한 '느낌'이다.

그러나 주의 깊게 살펴보자.

주체인 '나'는 스스로 존재하는가?
인생에서 단 한 번이라도 '나'만 존재한 적이 있는가?

언제나 '나 아닌 것들', 배경으로서의 어떤 '세계' 속에서만 '나'는 존재해 왔다.

객체인 '세계'는 어떤가?
'나' 없는 '세계'가 존재했던 적이 있는가?

'세계'는 언제나 '나'와 함께 동시에 존재해 왔다.

이러한 사실이 의미하는 바는 무엇인가?

'나'와 '세계'가 분리되어 독립적으로 존재한다는 것은 순전히 생각 속에서만 존재하는 착각이라는 사실이다.

주체인 '나' 역시 하나의 대상이다.

주체인 '나'가 객체인 '세계'를 인식하는 게 아니라 주체인 '나'를 인식하는 그것이 객체인 '세계' 역시 인식하고 있다.

주객을 동시에 비추고 있는 '그것'은 주체도 객체도 아니다.

'그것'은 그대의 육체 안에 고립된 외로운 영혼이 아니다. 그대는 개체가 아니라는 말이다.

자신이 세계 속에 존재하는 분리된 개체라는 것이야말로 가장 큰 착각이다. 그대에게 주체의 감각을 주는 '그것'이 동시에 세계를 객체로서 느끼게 해 주고 있다.

안팎을 동시에 비추고 있는 '그것'은 경계가 없다. 이른바 내외명철(內外明徹)이란 말이 가리키는 바가 그것이다.

한량없는 텅 빈 허공 같은 '그것'이 다양한 현상으로 드러날 뿐이다. 마치 꿈속의 세계처럼 '나'도 '세계'도 현상적으로 드러난 것은 다르지만 모두 동일한 실체이다.

35
깨달음의 입구

의도적인 수행을 통해 마음을 어찌하려는 모든 노력은 반드시 실패할 수밖에 없다. 마음이라 할 것이 따로 없는 곳에 마음이라는 헛된 분별을 지어 그것을 일정한 상태로 만들고 유지하려 하는 것이 바로 망상이기 때문이다. 그것은 바로 허공을 두 조각으로 나누어 놓으려 하는 짓이다.

나도 없고, 마음도 없고, 오온도 없고, 생사도 없고, 고요한 것도 없고, 시끄러운 것도 없고, 즐거운 것도 없고, 고통도 없다. 나가 있다고 무의식적으로 굳게 믿고 있기에 마음도 있고, 오온도 있고, 생사도 있고, 고요한 것도 있고, 시끄러운 것도 있고, 즐거움과 고통도 있게 된 것이다. 하나가 있으면 온갖 것이 다 있게 된다.

스스로 두 조각을 만들어 놓고 그것을 억지로 하나의 모양으로 만들려고 하니 애초에 불가능한 일이다. 그 헛된 노력이 본래 하나인 것을 둘로 만들고 있는 것이다. 그래서 이 공부는 자기가 만들어 비추고 있는 경계를 멍청히 좇아가는 것이 아니라, 그 경계의 출처로 얼른 되짚어 돌아가는 것이다. 이른바 회광반조다. '이 뭐꼬?'다.

두 조각 생사의 분별심에서 벗어나려거든 이렇게도 하지 말고 저렇게도 하지 말아야 한다. 일체를 방하착(放下着)해야 한다. 생각으로 헤아려 어찌하려는 모든 행위, 방하착하려는 그 행위마저도 분별이다. 어떻게도 하면 안 된다. 이 말을 따라서도 안 된다. 이 오도 가도 못할 답답한 곳에 문득 생각 밖으로 뛰쳐나가 살 길이 있다. 백척간두에서 진일보하라.

끝없이 분별이 일어나고 생각이 일으킨 문제로 괴롭다면, 보통은 그러한 불편함을 어떻게든 해결하려고 애쓰는데, 그럴수록 더 불편함은 가중된다. 그 노력이 바로 생사심, 분별심이다. 하나는 긍정하고 하나는 부정하는 그 생각이 생사의 뿌리다. 거기에 맞서 대응하려 하면 안 된다. 고통과 불편함으로밖에 보이지 않는 그것이 해탈의 문이다.

생각과 분별이 일어나는 그 자리에 알 수 없는 하나를 문득 떠올려라. '무(無)'자든, '이뭐꼬'든 그 말마디(言句)를 암송하지 말고, 알 수 없음, 판단 중지, 방하착, 양변을 모두 내려놓음과 같은 말이 가리키는 '그것', '도무지 알 수 없는 것'으로 눈길을 돌려라. 모든 고통과 불편함은 사실 허깨비 같은 생각의 놀음이다.

이런 이야기를 들은 적이 있다.

어떤 심약한 사람이 밤마다 나타나는 귀신 때문에 힘들어서 도인을 찾아가 해결책을 물었다. 그러자 그 도인은 콩이 들어 있는 주머니를 주면서, 다음에 귀신이 나타나거든 그 주머니에서 콩을 한 줌 꺼내어 내 손 안에 콩이 몇 개가 있느냐 물으라 했다. 그날 밤 귀신이 다시 나타나자 도인의 말대로 콩을 집어 몇 개냐 묻자 귀신이 흐물흐물 사라지더니 그날 이후 나타나지 않았다 한다. 귀신은 자신이 만든 한 생각이다. 자신이 모르면 귀신도 모른다. 모르는 것에 묘한 해결책이 있다. 완전한 모름이 깨달음의 입구다.

36
영적 유물주의를 넘어서

깨달음을 구하는 것이든
돈을 구하는 것이든
무언가를 구한다는 측면에서는 똑같다.

깨달음은 숭고한 것이고
돈은 천박한 것이라는 생각은

자기가 자기를 속이는 짓이다.

깨달음을 얻었다고 기뻐하는 것이든
돈을 벌었다고 기뻐하는 것이든
무언가를 얻었다고 기뻐한다는 측면에서는 똑같다.

깨달음은 영적 해탈의 즐거움이고
돈은 물질적 쾌락을 줄 뿐이라 여김은

자기가 자기를 속이는 짓이다.

깨달음을 잃어버렸다고 좌절하는 것이든
돈을 잃어버렸다고 절망하는 것이든
무언가를 잃어버렸다고 슬퍼하는 측면에서는 똑같다.

깨달음의 상실은 우주적 신비이고
돈을 잃은 것은 욕망의 무상함이라 여김은

자기가 자기를 속이는 짓이다.

깨달음은 얻을 수 없고 구할 수 없음을 깨닫는 것이
깨달음을 진정으로 얻고 구한 것이다.

얻은 것이 없고 구한 바가 없는 그것이
얻은 것이 있고 구한 바가 있는 것이다.

깨달음은 전해 줄 수 없고
전해 받을 수 없음을 깨닫는 것이
깨달음을 진정으로 전해 주고 전해 받은 것이다.

전해 줄 수 없이 전해 주었고

전해 받을 수 없이 전해 받았다.

이미 언제나 그러하였다.

3

있는 그대로

01
진정한 체험

 이른바 마음공부를 한다는 사람들, 구도자들에게는 좀처럼 떨칠 수 없는 로망이 있다. 그들의 지난한 구도역정의 종점에서 그렇게 바라고 꿈꾸었으나 단 한 번도 겪어 보지 못한 찬란한 깨달음의 체험을 하는 것 말이다. 온 우주가 하나로 진동하고, 의식이 각성되어 생생하며, 지복(至福)의 엑스터시를 경험하는 것 말이다. 통 밑이 쑥 빠지는 듯 시원한 감각을 느끼고, 천근만근 되는 삶의 고통에서 해방되는 듯한 편안함을 느끼는 것 말이다.

 영성 서적 속 성자들의 이야기나 한 소식 했다는 주변 사람들의 체험담 속에 약방의 감초처럼 빠지지 않고 등장하는 깨달음의 체험을 자신도 한번 경험해 보고 싶고, 그 체험이야말로 누구도 부정할 수 없는 깨달음의 증거가 아니겠느냐는 것이다. 그렇다. 깨달았다는 증거, 깨달음을 얻었음을, 깨달음을 소유했음을 직접적으로 확인시켜 줄 증거가 있어야 할 것이 아니냐 이 말이다.

나의 말이 얼마나 믿음이 갈는지 모르겠지만, 진정한 영적 체험은 아무런 체험의 내용이 없다. 따라서 체험이라 할 것도 없다. 둘 아닌 하나, 불이중도(不二中道)의 체험은 체험하는 자도, 체험 자체도, 체험의 내용도 없다. 둘이 없는데 누가 무엇을 체험한단 말인가? 공부를 꽤 한 사람도, 소위 한 소식의 체험을 한 사람도 이 체험이라는 또 다른 미망에서 빠져나오지 못해 공부가 원만해지지 않는 경우가 많다.

영적 체험을 통해 깨닫게 되는 것이 중요한 것이지, 체험을 통해 느껴지고 얻어지는 뭔가 색다른 감각이나 의식 상태는 그저 나타났다 사라지는 경계일 뿐이다. 어리석게 필요도 없는 큰 돌덩어리를 들고 있다가 어느 날 그것을 내려놓자 상쾌함과 가벼움을 느꼈다. 이 체험을 통해서 깨달아야 할 것은 불필요한 돌덩어리를 지고 있어서는 안 된다는 사실이지, 그 상쾌함과 가벼움을 지속하기 위해 돌덩어리를 들었다 놓았다 하는 일이 아니다.

체험이 또 하나의 장애가 되는 경우가 바로 그러한 감각적 경험이나 일정한 의식 상태를 깨달음의 본질로 착각하는 경우이다. 마치 마약 중독자들처럼 체험이 주는 경계에 집착하게 되면, 경계의 변화에 일희일비하며 자신이 원하는 경계가 나타날 때는 감각적으로 고양된 상태였다가 그 경계가 사라지면 극도의 절망, 불안과 같은 금단 현상에 빠지게 된다. 깨달음은 무상한 경계로부터의 자유이지, 깨달음이라는 또 다른 경계로의 구속이 아니다.

깨달음을 확인하는 방법은 어떤 체험 이전과 이후가 얼마나 달라졌느냐가 아니라, 체험 이전과 이후 결코 달라지지 않는 것이 무엇이냐 하는 것이다. 깨달음은 결코 색다른 경계, 특별한 의식 상태를 얻는 것이 아니다. 아무것도 얻은 바가 없고 아무것도 달라진 바가 없어야 진정한 깨달음이다. 다만 체험 이전에는 있는 그대로의 사실이 불만족스럽고 구속이었다면, 체험 이후에는 있는 그대로의 사실에 하나도 더할 것도 뺄 것도 없다는 것이 분명할 따름이다. 뭔가 다른 것을 구하고 찾으려는 마음이 사라지는 것이 진정한 체험이요, 깨달음이다.

02
체험에 대한 환상

처음 이 공부를 시작하는 사람이나 많은 세월 이 공부에 애써 왔던 사람이나 공통되게 가지고 있는 오해는 깨달음은 뭔가 대단한 체험일 것이라는 환상이다. 한 번 체험하면 모든 것을 분명하게 깨닫고, 일상사의 자질구레한 번민과 고통을 한 방에 소멸시킬 핵폭탄과 같은, 그리하여 이 못나고 조그만 나를 거대한 무언가로 확장시켜 줄 그러한 것일 거라는 생각이다. 아무리 견해가 분명해도 뭔가 확실한 체험이 있어야만 뭔가 미심쩍은 의심이 떨어져 나갈 것 같다고 여긴다.

물론 깨달음의 체험은 있다. 그러나 동시에 그러한 깨달음의 체험은 없다. 이 모순된 진술을 이해할 수 있을지 염려스럽다. 열심히 이 일을 밝히기 위해 애쓰다 보면 자기 생각의 한계를 벗어나는 비일상적 체험을 문득 하게 된다. 그러나 정견이 갖춰져 있지 않으면 이 체험이 다시 장애가 되어 올바른 깨달음, 구경의 깨달음을 가로막는다. 비일상적인 깨달음의 체험으로 법을 보는 안목이 곧장 갖춰지는 경우도 없지 않겠으나 십중팔구는 그렇지 못하다. 그래서 눈 밝은 이의 지도와 점검을 받아야 한다.

현실 속에서 깨달음의 체험을 하는 이들의 대다수 경우는 책 속에서 읽은 영적 영웅들의 체험과 같은 대단한 것들이 아니다. 단순한 '아~!'의 경우가 대부분이다. 매우 짧은 순간 문득 인식의 전환이 찾아오는 체험일 뿐이다. 너무나 단순하고 평범한 사실을 다시 되돌아보게 된 것인데, 이때 깨달음의 체험과 깨달음에 대한 환상을 가진 사람들은 자신의 체험을 믿지 못하고, 다시 자기가 그리고 있는 깨달음의 체험과 깨달음이라는 신기루를 좇느라 진짜 자기 체험을 놓치게 된다.

한 번 '아~!' 하는 체험으로 모든 문제가 해결되지 않을 뿐더러 결코 모든 문제가 해결되는 일 따위도 없다. 체험 이후 제법 오랜 세월을 보내며 단련 받아야 비로소 체험이 가리키는 바가 무엇인지 확실하게 알게 되는데, 그때서야 비로소 깨달음의 체험, 깨달음이 따로 있지 않다는 사실을 알게 된다. 그러나 한 방에 인생 문제를 해결하고자 하는 욕망에 눈이 멀게 되면 비록 '아~!'의 체험이 있었다 하더라도 뒤로 물러나 특별한 경계를 추구하거나 스스로 자신의 생각에 속아, 영원히 이미 주어져 있는 깨달음을 발견하지 못하게 된다.

간혹 공부에 대한 조급한 마음을 가지고 있는 이들 가운데 깨닫고 나서도 시간이 지나고 보면 공부가 답보 상태이거나 엉뚱한 곳으로 빠지는 이들을 보게 된다. 아니면 증상만인(增上慢人)[21]이 되어 자신의 깨달음을 과시하거나 그것을 어떤 도구로 삼는 이들도 보게 된다. 그 모두가 아직 확실히 깨닫지 못한 까닭이다. 깨달음을 경계로 보기 때문에 이렇거니 저렇거니 비교하고 드러내는 것이다. 깨달음은 어떤 경계가 아니다. 그래서 깨달음은 없다고도 할 수 있다. 깨달음 아닌 것이 없기 때문이다.

체험 이후 한동안 깨달음을 즐기는 기간이 대부분의 공부인들에게 찾아온다. 가벼움, 평온함, 명징함, 또렷함, 광활한 이해, 생생함 등등 다양한 경계가 펼쳐진다. 그러나 그 가운데 어떤 것도 깨달음 자체가 아니다. 오랜 세월 생각 속에 사로잡혀 억눌려 있다가 잠시 숨통이 트이는 체험 끝에 일어나는 반작용일 뿐이다. 한쪽 끝에 고정되어 있던 추(錘)가 문득 풀려나면 정반대 방향으로 움직인다. 그리고 다시 원래 방향으로 갔다가 또 반대 방향으로 갔다가 진폭을 점점 줄여 가면서 한동안 그렇게 오락가락하게 된다.

이 공부도 그렇다. 어떨 때는 너무나 분명하고 의심이 없다가

---

[21] 아직 깨닫지 못하였는데도 이미 깨달았다고 생각하는 교만한 사람.

도 어떨 때는 다시 분별과 의심 속에 사로잡히기도 한다. 또한 세상사의 인연들 속에서 온갖 좋은 일 싫은 일들이 자기 공부를 뒤흔들어 놓기도 한다. 이 사실을 알지 못하는 공부인들 가운데 일부는 깨달음의 체험이 가져다주는 여운에 취해 있다가 다시 경계가 달라질 때 그 여파로 공부가 뒷걸음질 친다. 땅으로 인해 넘어진 사람은 결국 땅을 짚고 일어나야 하며, 추가 아무리 오락가락해도 추가 매달려 있는 한 지점은 결코 움직인 바가 없다는 사실을 아직 철저하게 깨닫지 못했기 때문이다.

깨달음은 모든 것을 요구한다. 이것은 경계나 대상이 아니다. 철저하게 둘 아닌 것이다. 따라서 그것을 누리는 자도 없고, 누릴 그것조차 없다. 깨달음의 근본은 안목이다. 평온함이니 흔들림 없는 마음, 현묘한 지혜 등등은 말단이다. 오직 근본을 밝힐 뿐 말단에 집착해서는 큰 공부를 이룰 수가 없다. 근본이 확실하면 말단은 그 뒤를 따르는 것이다. 빨리 공부를 해 마치려는 잘못된 생각을 내려놓아야 한다. 발심이 제대로 되어 있어야 오래갈 수 있다. 오래가야 비로소 깨달음의 진경을 맛볼 수 있다. 온 우주를 집어 삼키고 배를 두드리며 태평가를 부를 수 있다.

03
깨달음 전후의 미혹

세상을 둘러보면 생각보다 많은 사람들이 이 공부 길에 들어서서 온갖 노력을 다하고 있다. 그러나 막상 그들이 그렇게도 추구하는 목적지, 즉 깨달음에 도달하는 이는 그리 많지 않고, 그 깨달음 이후에 정말로 흔들림 없는 구경의 깨달음, 깨달음의 완성을 이루는 이는 더욱 드물다.

왜 그럴까?

깨닫기 전 많은 이들이 헤매는 이유는 스스로 얽매여 있는 미혹, 그동안 배우고 익히고 쌓아 온 깨달음에 대한 기존의 이미지, 개념, 환상, 선입견에 자기도 모르게 가로막혀 있기 때문이다. 깨달음을 추구하지만 정작 그들이 찾고 있는 것에 대한 정보는 너무나 부정확하고 왜곡되어 있다. 너무나 많은 지도와 이정표, 안내서와 가이드가 넘쳐 나기 때문이다. 바로 지금 자기가 발 딛고 서 있는 이 자리에 도달하기 위해 너무나 많은 곳을, 너무나 오랫동안 헤매는 경우가 많다. 단 한 순간도 자기 발밑을 떠난 적이 없으면서도 말이다.

그런데 정작 어렵사리 자기가 서 있는 자리, 자신의 본래면목을 발견하고 나서 다시 미혹에 빠지는 경우도 많다. 그것은 여전히 익숙한 과거의 관점에서 이 낯설고 새로운 상황을 판단할 수밖에 없기 때문에 벌어지는 일이다. 제한된 한 사람의 개체로서의 '나'가 '깨달음', '알아차림', '도', 그 이름이 무엇이든, 뭔가를 알았고, 얻었고, 이해했다고 믿기(또는 착각하기) 때문이다. 비록 깨달음을 체험했다 하더라도 역시 이전에 익혀 온 개념, 환상, 선입견, 미혹에서 완전히 벗어나지 못했기 때문이다.

뭔가 대단한 것일 줄 알았는데 너무나 당연하고 사소한 것이란 생각에 실망하거나, 허탈해하거나, 속았다는 기분이 들기도 한다. 또는 뭔가 체험하고 안 것 같은데 다른 사람이 했던 체험이나 책에서 읽었던 체험의 내용에 비해 너무나 미미해서 확신이 가지 않는 경우도 있다. 아니면 체험할 때는 뭔가 분명하고 명확하고 의심이 없었는데 시간이 지나면서 그런 뚜렷함이 희미해지거나 어느 순간 그러한 느낌이 사라져서 당황하는 수도 있다. 그리하여 이러한 부족한 느낌, 미진한 느낌을 없애기 위해 다시 뭔가를 더 해야 하거나 내가 모르는 무언가가 더 있는 것은 아닐까 하는 의혹과 불안이 일어난다.

하하하!

행여 지금 위에서 언급한 상황 가운데 처한 사람이라면 지금 이 글을 읽어도 잘 이해가 안 될 것이다. 그러나 안심하시라. 당신뿐만 아니라 수많은 구도자들이 그런 미혹에 엎어지고 자빠졌다. 그리고 그들 가운데 몇몇은 그 경험을 통해 구경의 깨달음에 한 발 더 가까이 갈 수 있었다. 진정한 체험은 바로 체험 이후의 미혹을 넘어서면서 온다. 참된 체험에는 체험의 흔적과 내용이 없다.

첫 깨달음 이후의 미혹은 여전히 구도와 수행, 공부의 주체로서 '나'에 대한 미망이 완전히 사라지지 않은 까닭이다. '나'의 '깨달음'이었기 때문이다. '나'와 '깨달음'이 따로 있었기 때문이다. 그리하여 시간의 흐름, 심경의 변화, 경계와 대응함에 따라 안정을 찾지 못하고 흔들리게 된 것이다. 참으로 둘 아닌 하나, '무아(無我)'의 체득이 미진했기 때문이다. 깨닫기 전이나 깨달은 후나 근본적인 무명의 뿌리인 '나'가 모든 희비극의 연출자였다.

이 '나'가 스스로 소멸될 때, '나'의 '세계' 역시 사라진다. 그 순간 '나'가 그대로 '세계'가 된다. '나'의 '깨달음' 역시 존재할 수 없다. 꿈속에서 다시 깨달음의 꿈을 꾸었을 뿐이다. 그리하여 견성이 곧 성불이고, 오직 견성만을 말할 뿐 선정과 해탈을 말하지 않는 이유를 알게 된다. 많은 일이 있었으나 동시에 아무런 일도 일어난 적이 없음이 명확해지면서 스스로 고요해지고 스스로 밝아진다.

04

큰 깨달음으로 최후의 관문을 삼아라

모름지기 큰 깨달음으로서 최후의 관문을 삼아야 한다. 공부를 하다 보면 왕왕 경계가 달라지는 체험이 온다. 그럴 때 이 공부에 대한 발심과 안목이 부족한 경우에는 그저 특이한 체험이나 통찰, 신기한 능력 따위에 현혹되어 공부가 더 나아가지 못하고 멈추어 버리는 경우가 있다. 모두가 여전히 '나'라는 아상을 극복하지 못했기 때문에 벌어지는 일들이다. 세속의 욕망을 추구하듯이 이 공부를 '내가, 나를, 나의, 내 것'의 관점에서 하고 있기 때문에 그런 것이다. 무언가를 얻으려고, 무언가를 알려고 치달려 구하는 마음을 쉬지 못한다면 이 공부를 완결지을 수 없다.

가장 안타까운 경우는 오랜 시간 이 공부에 매진하여 더 이상 알아야 할 것도 구해야 할 것도 없음을 스스로 알고 있으면서도 마지막 임계점을 넘어서지 못하고 이것도 아니고 저것도 아닌 애매한 상황에 놓여 있는 것이다. 설법을 듣고 책을 읽어도 머리로는 다 이해하면서도 가슴속이 시원하지 못하고 뭔가 찜찜한 구석이 있는 것이 큰 병이다. 스스로 크게 분심을 일으키고 성실하게 선지식을 찾아 참문하여 자신의 미진한 곳을 철저하게 해소해야만 한다. 하늘은 스스로 돕는 자를 돕는다는 말처럼 공부하는 본인 스스로 분발하지 않는다면 천 명의 성인도 그를 구제해 줄 수는 없다.

　한 번의 깨달음을 체험하지 못한다면 영원히 의심의 속박에서 벗어나지 못할 것이다. 반드시 한 번은 말과 생각의 그물을 뚫고 지나가야 한다. '나'는 그 그물을 뚫고 지날 수가 없다. '나'가 바로 말과 생각으로 이루어진 것이기 때문이다. 홀연 '나'를 잊어버리는 순간, 문득 있는 그대로의 본래면목을 확인하게 될 것이다. '나' 스스로는 갈 수 없는 길이기에 선지식에게 의지하여 가르침을 받아야 한다. 문턱이 닳도록 찾고 또 찾아가서 듣고 또 듣고, 묻고 또 물어야 한다. 한마디 말귀를 알아듣기 위해 1년, 3년, 5년, 10년 묵묵히 공부하는 것이다.

　어떻게든 빠른 효과, 빠른 결과를 바라는 이들은 반드시 그러한 것을 준다고 약속하는 삿된 길을 갈 수밖에 없다. 삿된 길의 특징은 빠른 효과를 약속하는 대신 어떤 대가를 요구하며, 약속한 결과를 얻더라도 일정 시간이 지난 다음에는 원위치가 된다는 것이다. 공부는 어렵고 힘이 들더라도 제대로 해야 바른 결과를 얻는다. 사자가 벼랑에서 새끼들을 밀어 떨어뜨리고는 제 힘으로 기어 올라오는 새끼만 기른다는 말이 있다. 바른 가르침은 깨달음을 주지 않는다. 스스로 갖추고 있는 깨달음을 스스로 돌아볼 때까지 인내심을 가지고 가리키고 또 가리킬 뿐이다. 본래 가지고 있는 깨달음을 달리 줄 도리는 없는 것이다.

깨닫지 못해도 내가 깨닫지 못한 것이요, 깨달아도 내가 깨닫는 것이다. 깨닫지 못해도 나이고 깨달아도 나이나, 깨닫지 못했을 때는 육체와 감정, 의식에 제한된 '나'였지만, 문득 깨닫고 보면 상대와 차별과 분별을 모두 포용하면서도 그것에 물들지 않는, 한계가 없는 전체로서의 '나'이다. 깨닫지 못했을 때는 없지만 있는 '나'였으나, 깨닫고 난 뒤에는 있지만 없는 '나'이다. 깨닫기 전에는 이것저것 끌어다 모아야 안심되는 '나'였으나, 깨닫고 난 후에는 이것저것 모두 떨쳐 버리고도 안심이 되는 '나'이다. 깨닫지 못했을 때에는 내가 '나'인 것이 불만이었으나, 깨닫고 난 후에는 내가 '나'인 것에 아무런 부족함을 느끼지 못한다. 그저 푹 쉴 수 있는 것이다.

05
깨달음의 체험은 필요한가?

깨달음의 체험은 필요한가?

이미 천 년 전에도 이 문제에 대해 상반되는 입장의 견해가 있었다. 이른바 간화선[22]과 묵조선[23]의 입장이 그러했다.

---

[22] 1100년대 중반에 이르러 역대 조사들의 선문답을 논리적으로 해석하는 풍조가 나타나고, 다른 한편 묵묵히 앉아서 자신을 비추어 보는 좌선만이 깨달음을 얻는 유일한 길이라 하는 묵조선이 등장하는 등 수행법의 병폐가 심해지자, 이를 비판하고 조사선의 본래 정신을 회복하고 새롭게 체계를 세우려는 수행법으로서 간화선법이 제시되었다. 간화선에서는 화두를 들고 거기에 간절히 의심을 일으켜 생각으로는 더 이상 어찌할 수 없는 상황에 꽉 막혀 있다 문득 화두를 타파하여 자기 자성을 보고 깨치는 것을 중요시한다. 그것을 견성성불(見性成佛)이라 한다.

[23] 이 명칭은 남송(南宋) 임제종(臨濟宗)의 대혜종고(大慧宗杲)가 조동종의 수행자들이 무조건 면벽 좌선함을 야유하며 이같이 불렀던 데서 유래한다. 묵조선은 스스로의 자성이 본래부터 청정하다는 자성청정(自性淸淨) 원리를 기본으로 한 수행법으로, 어느 날 갑자기 큰 깨달음을 기대하는 것이 아니라 자기 속에 내재하는 본래의 청정한 자성에 전적으로 의뢰하는 선법이다. 굉지정각은 그의 저서 『묵조명』을 통하여 묵조선만이 불조정전(佛祖正傳)의 참된 선이라고 주장했고, 대혜종고는 묵조선을 사선(邪禪)이라 공격했지만, 결국 양자의 차이는 본래의 면목(面目)을 추구하는 방법의 차이다.

간화선을 주창했던 대혜종고는 묵조선을 비판하면서 깨달음의 체험을 부정하고 컴컴한 산 귀신굴 속의 살림살이를 짓고 있다고 몰아붙였다.

반면 묵조선에서는 간화선자들을 깨달음의 체험을 기다리며 공안에 대해 이러쿵저러쿵 떠들기만 하는 무리라 비판하였다.

여기서 조심해야 할 점은 종파주의적 입장에서 어떤 쪽이 더 낫고 못하다는 분별을 일으키는 것은 아무런 소용이 없다는 사실이다.

사실 간화선과 묵조선 모두 조사선을 새롭게 드러낸 방식일 뿐이다. 오가칠종[24]으로 벌어진 조사선이 송나라에 와서 임제종의 간화선법과 조동종의 묵조선법으로 새롭게 그 시대의 수행자들의 문제에 대해 대응한 방식이라는 말이다.

간화선은 부정의 방법이다. 분별심 속에 있는 수행자에게 도저히 납득할 수 없는 공안을 주어 참구하게 함으로써 분별심으로는 빠져나갈 수 없는 궁지까지 몰아붙여 마침내 깨달음의 체험을 경

---

24 당송대(唐宋代)에 형성된 선종(禪宗)의 일곱 종파. 위앙종(潙仰宗)·임제종(臨濟宗)·조동종(曹洞宗)·운문종(雲門宗)·법안종(法眼宗)을 오가(五家)라 하고, 여기에 송대(宋代)에 이르러 임제종에서 갈라져 나온 황룡파(黃龍派)·양기파(楊岐派)를 합하여 칠종(七宗)이라 함.

험하게 만든다.

묵조선은 긍정의 방법이다. 사실 지금 있는 이대로가 이미 깨달음 자체이기에 따로 깨달음을 구한다는 것은 이미 어긋난 것이다. 따라서 따로 구해야 할 깨달음의 체험도 없다. 바로 지금 눈앞에 공안은 이미 드러나 이루어져 있다.

개인적으로 간화선은 체험을 바탕으로 활발발한 깨달음의 작용은 있으나 자칫 마른 지혜에 치우칠 가능성이 높다고 본다. 반면 묵조선은 늘 여여한 바탕을 벗어나지는 않겠지만 자칫 체험이 주는 자신감의 결여로 현실에 대한 대응력을 잃어버리기 쉽다.

실제로 간화선은 너절한 말싸움에 불과한 법거량이나 의리선, 문자선의 폐단이 나타났고, 묵조선은 그저 죽치고 앉아 있는 것만으로 능사를 삼는 문제점이 드러났다.

체험을 강조하면 능동적이고 법에 대한 자신감도 얻을 수 있지만 때로 증상만이나 '깨달음의 체험'이라는 또 다른 분별에 떨어질 수 있고, 달리 깨달을 바 없는 불이(不二)만을 강조하면 그저 일 없음이라는 곳에 떨어져 침묵과 고요함만 지킬 수 있다.

깨달음의 체험은 분명 공부 과정에 있는 이들에게 진리에 대한 확신과 안목의 변화를 가져다준다. 그러나 거기에 머물러 갇혀 있게 되면 불구덩이를 빠져나와 얼음구덩이에 빠지는 오류를 범하게 된다. 그렇다고 체험을 부정하고 이미 있는 그대로 완전하다는 곳에 머무르면, 말은 맞지만 스스로를 속이고 남도 속일 가능성도 없지 않다.

우리나라의 경우 간화선 일색으로 묵조선은 삿된 선으로 치부되어 아예 고려의 대상이 되지 못하고 있는 실정이어서 안타깝다. 어찌 한 조사 문중의 선에 바른 선과 삿된 선이 있겠는가? 분별을 허용치 않는 깨달음의 문에서 스스로 분별이란 허물을 일으킨 것이다.

깨달음의 체험은 결코 최종 목적지가 아니다. 체험의 있고 없음 역시 진리 자체에 대한 증명, 증거가 될 수 없다. 때로는 깨달음의 체험이라는 사건이 공부하는 사람을 분발시키고 더욱 깊은 공부로 이끌 수 있지만, 때로는 그것 자체가 거대한 감옥, 공부의 장애가 될 수 있다.

훌륭한 의사는 환자의 상태나 체질에 따라 약을 쓰고, 현명한 환자는 자신의 증세를 잘 살펴서 약을 복용한다. 이 공부는 결코 정해진 길, 표준화된 프로그램이 존재할 수 없다. 어느 것만이 옳다고 여기는 그 순간이 그릇된 길에 제 발로 들어가는 순간이다.

06

체험 후의 혼란 1

꾸준히 바른 가르침을 접하고 공부를 하다 보면, 문득 순간적으로 깨달음의 체험이라 할 만한 것이 찾아온다. 그런데 문제는 한 번의 체험으로 모든 분별망상이 쉬어지면서 안목이 뚜렷해지는 경우는 거의 없다 해도 과언이 아니라는 사실에 있다. 다시 분별망상이 슬금슬금 일어나서 자신의 체험에 대한 의심을 일으킨다. '이게 깨달음인가?' '그동안 책에서 읽고 남들에게서 들었던 것과 다른데?' '너무 평범하고 밋밋한 것 같은데?' 등등.

처음 이 일을 겪는 분들은 대개 그러한 미심쩍은 부분이 있다. 그때 제대로 점검하고 지도받지 못하면 어렵사리 얻은 것의 가치를 알지 못하고 다시 엉뚱한 곳으로 접어들기 십상이다. 그러므로 이러한 과정 가운데 있는 사람들은 안목이 있는 사람을 찾아가 자신의 체험보다 더 특별한 것이 있지 않을까, 보다 완전한 깨달음, 최종적인 깨달음 같은 것이 있지 않을까 하는 미세한 의심을 스스로 끊을 수 있도록 지도받아야 한다.

이 공부는 특별한 도리가 아니다. 방편의 말이든 잘못된 견해든 자신도 모르게 이 공부를 특별한 것으로 여기고 있는 그 한 생각이 장애가 될 뿐이다. 바로 당장에 분명하면 될 뿐, 달리 복잡하고 특별하고 이상한 경계가 드러나야만 깨달음인 것은 아니다. 특별한 것이 따로 있다고 여긴다면 아직 망상 속에 있는 것이지 깨달은 것이 아니다. 한마디 말끝, 한 가지 인연 끝에 알아차린 것 그것이 전부다.

내 의지나 노력과 상관없이 늘 있는 것. 내가 손댈 수 없는 것. 나를 포함한 이 세상 전체를 수용하고 있는 것. 지금 보고 듣고 느끼고 알고 하는 이것. 그러한 어떤 '것'이 따로 있는 것이 아니라 나를 포함한 이 세상 자체. 그것이 바로 이것이다. 늘릴 수도 없고 그렇다고 줄어들지도 않는 것. 온갖 경계, 경험들은 끝없이 변화하지만 그 변화와 상관없이 늘 여여한 것. 이것만 스스로 분명하면 되지 또 무슨 허다한 말들이 필요하단 말인가?

아는 자는 묵묵히 계합하여 고향으로 돌아가고
모르는 자는 어지러운 말 속에서 길을 잃을 뿐.

07
체험 후의 혼란 2

 이 공부는 사실 너무나 쉬워서 어려운 것이다. 이미 본래 완성되고 구족되어 있기에 제대로만 자극 받으면 단박에 깨칠 수 있는 것이다. 그러나 뭔가 특별하고 다른 것을 바라는 우리의 무의식적인 욕구는 쉽사리 사라지지 않기에 설사 이 사실을 문득 알아차렸다 할지라도 다시 자기가 지은 망상에 속게 되는 것이다.

 이전과 조금도 다름없다는 사실이야말로 진정한 깨달음의 증거이다. 이 평범함, 이 당연함을 견딜 수 있으려면 진정한 깨달음이 있어야 한다. 그래서 분별의 입장에 서 있는 이에게 진정한 깨달음은 눈앞에 있어도 보지 못하는 것이다. 그들은 이 평범함을 받아들일 수 있는 믿음과 배짱이 없다.

 깨달음 이후에도 미세한 의심이 남아 있는 경우가 많다. 분별에 익숙한 입장에서는 이 당연하고 평범한 사실을 받아들이기가 쉽지 않다. 그래서 다시 '깨달음'이라는 것을 대상화하여 그것에 집착하는 경우가 있다. 이른바 법집(法執: 법에의 집착), 법박(法縛: 법에의 얽매임)이다. 아직 숨통이 끊어지지 않은 분별심이 깨달음 뒤에 숨는 것이다.

이럴 때 선지식의 가르침이 반드시 필요한데, 처음 깨달음을 체험한 이들은 그 즐거움, 그 해방감을 절대시하며 그것을 누리려는 욕망에 사로잡힌다. 그것이 또 다른 미망일 것이라고는 스스로 상상조차 하지 못한다. 오히려 그러한 가르침을 오해하고 자신의 깨달음을 무기로 삼기도 한다.

깨달음과 완성에 대한 조급한 마음, 그것을 자기의 것으로 소유하려는 마음이 또 다른 미망으로 이끄는 것이다. 그래서 깨닫기 이전의 미망보다 깨달은 이후의 미망이 더 무섭다. 깨달음이란 병에 걸린 이에게는 약도 없기 때문이다. 그래서 깨달음은 가끔 재앙이 되기도 하여 차라리 깨닫지 않느니만 못하게 되는 경우도 있다.

왜 발심이 중요한지, 왜 사람의 됨됨이가 중요한지, 깨달음 이후의 공부가 그것을 증명해 준다. 깨달음으로 공부가 끝나는 것이 아니라 깨달음이 공부의 시작이라는 점을 명심, 또 명심해야 한다. 희미한 옛사랑의 그림자와 같은 깨달음의 추억을 더듬으며 세월을 낭비하고 싶지 않거들랑 깨달음 이후에 정신 차려 공부해야 한다. 널리 경험 많은 도반, 선지식과 교류하고 소통하며 좋은 경전과 어록을 지침 삼아 자기 공부를 담금질해야 한다.

돈오돈수라는 말에도 속지 말고 돈오점수라는 말에도 속지 마라. 모두 공부를 독려하는 방편의 말씀일 뿐이다. 남은 의심이 있다면 의심을 제거할 때까지 공부의 끈을 놓아서는 안 된다. 다른 이들의 공부 경험이나 옛사람들의 공부 기록을 참고는 하되, 그것을 하나의 사실로 여겨 그것과 자기 공부를 비교하지는 마라. 스스로의 안목이 분명하지 못하면 괜한 이야기에 속아 헤매게 된다. 인연이 있으면 선지식에 의지하고, 그럴 인연이 없다면 그저 묵묵히 자기 자리를 지키기만 하라. 빠르고 더딘 차이가 있을지언정 결국에는 향상의 바른 길을 찾아갈 것이다. 다만 뛰어나고 특별한 경계만 찾지 말라. 참다운 것은 너무나 평범할 뿐이고, 거짓된 것만이 특별해 보일 뿐이다. 속지 마라.

08
체험 후의 혼란 3

아주 오래전 읽었던 어느 책의 한 구절이다.

"많은 사람들이 진아를 일시적으로 본 경험을 가지고 있다. 때로 그것은 저절로 일어나기도 하지만, 깨달은 스승의 친존에서는 그것이 일어나는 일이 드물지 않다. 이러한 일시적 일견 후에 그 체험은 사라진다. 왜냐하면 소멸되지 않은 생각과 잠재적 욕망들이 여전히 남아 있기 때문이다. 진아는 원습(vasanas)이 완전히 사라진 마음만을 받아들여, 그것을 태우고 완전히 파괴해 버린다."

− 『빠빠지 면담록』, 62쪽

깨달음의 체험 이후에 다시 미혹에 사로잡히는 경우는 위에서 언급한 '소멸되지 않은 생각과 잠재적 욕망'[25] 때문이다. 실제로 '진아', 또는 '깨달음', 우리의 '본래면목'은 깨달음의 체험 이전

---

25 이것이 바로 습(習), 번뇌의 여운, 그릇된 습관의 기운이다.

이나 이후에도 조금도 변화한 바가 없다. 늘 있는 그대로 여여한 그것을 변화의 관점으로 바라보게 되는 까닭은 우리가 생각이라는 불완전한 도구를 사용하기 때문이다.

　실로 '진아', '깨달음', '본래면목'에 대해서는 어떠한 말도 할 수 없다. 왜냐하면 그것을 대상화할 수 없기 때문이다. 그것에 대해 말하고 생각한다는 것은 그것에서 떨어져 나와 상대가 되어 그것을 대상화해야만 가능하기 때문이다. 그런데 그러한 대상화, 상대화가 바로 분별망상, 착각, 환상, 무명이다.

　처음 그것을 체험하게 되는 경우는 그것을 대상화하여 체험한다. '나'라는 것이 있어 '그것'을 '체험'했다고 인식한다. 실제 '체험'은 그런 것 저런 것이 없는, 말할 수 없는 '하나'의 체험이었음에도, 그 상태는 사라지고 그 상태에 대한 기억(생각)으로 그렇게 대상화하게 되는 것이다. 그리고 한동안 '나'와 '체험'이 상대화된 상태로 지내게 된다. 왜냐하면 여전히 '소멸되지 않은 생각', 곧 '나'라는 주체감이 사라지지 않았기 때문이다.

　깨달음의 체험 이후에도 우리는 이전의 사고방식, 미세한 분별의식에서 쉽게 벗어나지 못한다. 그것이 너무나 익숙한 '습관(習)'이기 때문이다. 아무리 강렬한 체험을 하더라도 십중팔구는 그것을 다시 과거의 인식습관에 따라 '내가' 경험한, '나의' 체험으로 자기도 모르게 개념화, 정리하게 된다. 그것이 뿌리 깊은 우리의 '잠재적 욕망'이다. 자신의 존재감을 '소유'를 통해 확인하려는 이 '탐욕(貪)'이 깨달음을 대상화하여 사유화한다.

우리의 미세한 분별의식, 자아의식은 아직 길들여지지 않은 황소와 같이 실제의 감각이 있다. 그래서 설사 법의 이치를 한순간 철저하게 깨친다 하더라도 실제 생활에서 경계를 대할 때는 공부가 힘을 쓰지 못하게 된다. 그것을 해오(解悟)라 하는 것이다. 이치를 알았다는 것은 여전히 두 조각이라는 소리다. 그 '오(悟, 깨달음)'가 철저하지 못한 것이다. '오직 견성만 말할 뿐'이란 소리는, 이치를 '깨닫는 자'와 그가 '깨달은 이치'로 두 조각 난 '알음알이'가 아니라 철저하게 '한 덩어리'를 이룬 증오(證悟)를 말한다. 그래야 이치(理)와 사실(事)이 둘이 아닌 것이 분명하여 돈오돈수가 된다.

모든 것을 '나'의 상대로 대상화하여 파악하려는 마음의 습관, 그 경향성(vasanas: 業習)에서 벗어나기까지는 많은 시간이 필요할 수 있다. 생각으로 파악할 수 없는 그것에 오랫동안 익숙해지다 보면 저절로 어떠한 이해가 떠오르게 되어 자신조차 알아차리지 못했던 부분을 파악하게 된다. 눈 밝은 스승이 그 사실을 지적해 줄 수도 있지만, 철저하게 본인이 준비되어 있지 못하면 아무리 말해 줘도 알아듣지 못한다. 오로지 이 공부는 자신의 증험(證驗)을 통해서만 갈 수 있기 때문이다.

깨달음의 체험 이후에도 '내'가 공부를 이끌어 가려는 망상이 계속된다. 그러다 보면 불만족과 혼란이 발생하게 된다. 그래서 하심(下心)을 이야기하기도 하고, 보림(保任)[26] 해야 한다는 소리도 한다. 미안하지만, 그런 소리에 또 끌려가서 그런 짓을 하려고 한다면 여전히 꿈속의 대상을 더듬고 있는 것이다. 깨닫기 전의 모든 가르침이 임시방편이었듯, 깨달은 이후의 가르침 역시 실다운 것이 아니다. 마지못해 그렇게 가르치는 것이다. 뭐라 콕 집어서 가르칠 수 있는 게 아니기 때문에, 일단 방황하는 이를 안정시키기 위해 달래는 소리일 뿐이다. 그저 가만히 있다 보면 저절로 알게 되기에 다시 밖으로 치달려 나가지 않게만 하는 것이다. 소가 남의 논밭을 침범하지 못하게 하는 것일 뿐이다.

'내'가 할 수 있는 일은 하나도 없다. '내'가 무엇을 하려 하기에 두 조각이 나는 것이다. 이 소멸되지 않은 생각과 잠재된 욕망, 이 업식(業識)이 자연스레 잦아들 때까지 그저 가만히 있을 수 있다면 '진아에 안주하는 것'이 어려운 일만은 아니다. 본래 진아를 떠난 적이 없으니까, 오직 진아만이 존재할 뿐이니까, 아니 진아가 곧 존재 자체이기 때문이니까. 모든 방황하는 이들에게 행운이 있기를!

---

[26] 보림은 보호임지(保護任持)의 준말로서 '찾은 본성을 잘 보호하여 지킨다'는 뜻이다.

09
오후사(悟後事)

"성 가운데 도착한 이래로 옷 입고 밥 먹고 아이를 안고 손자와 노는 갖가지 일들이 예전 그대로이지만, 이미 얽매이는 정도 없으며 기이하고 특별하다는 생각을 하지도 않습니다. 그 밖의 묵은 습관과 오랜 장애도 점점 가벼워지고 있습니다. 이별할 때 간곡히 당부하신 말씀은 감히 잊을 수가 없습니다. 거듭 생각해 보니 비로소 선문에 들어왔으나 큰 법은 아직 밝히지 못하여 그때그때 상황에 응하고 일을 처리함에 아직 장애가 없지 않습니다. 다시 바라오니 이끌고 가르쳐 주시어 마침내 지극한 곳에 이르게 해 주셔야 스님의 법석에 흠이 없을 것입니다."

- 『서장』, 「이참정 한로가 질문한 편지」에서

처음 깨달음을 체험한 사람의 전형적인 반응이 바로 이와 같다. 깨닫기 이전과 겉으로 보기에는 아무런 차이가 없다. 일상생활은 예전 그대로다. 그러면서도 뭔가 이전과는 달리 생각과 바깥의 일에 끄달리는 일이 현저하게 줄어들기 시작한다. 그러나 전혀 기이하고 특별한 것이 아니라는 사실이 뚜렷하다. 당연하고 당연하다는 생각이 들고 조금은 어이없고 그동안 이것을 알려고 애썼던 기억에 조금은 허망한 기분이 들기도 한다. 이 아무것도 아닌 것을 몰라서 그렇게 몸부림쳤던가.

믿을 만한 선지식의 지도 아래 공부를 한다면 깨달음 이후의 공부 길에 대해 일러 줄 것이다. 깨달음 이후야말로 진정한 공부의 시작이며 진정한 고난의 시작이기 때문이다. 마치 오래 머물렀던 낡은 집을 떠나 이삿짐을 싸는 것과 같아서, 한동안 그대로 두었던 장롱이며 가구를 옮길 때마다 바퀴벌레, 거미줄, 케케묵은 먼지뭉치 등이 한없이 .올라올 것이다. 그동안 묵혀 두었던 그 모든 것들을 말끔히 정리하고 새 집으로 들어가야 한다. 새 집에 살게 되면서도 처음엔 낯설기도 하지만 정을 붙여 가며 새로운 동네 풍경과 이웃들에 익숙해져 가야 한다.

"편지에 이르시길, 성에 도착한 이래로 옷 입고 밥 먹고 손자를 안고 함께 놀아 주는 것들이 하나하나 옛날과 같으나 이미 끄달리거나 막히는 정이 없고 또한 기특하다는 생각도 하지 않으며 오래된 습관과 장애도 조금씩 가벼워진다고 하셨습니다. 세 번이나 이 말을 되풀이해서 읽고는 떨 듯이 기뻤습니다. 이것이야말로 불교를 배운 효험입니다. 만일 뛰어난 근기의 대인께서 한 번

웃는 가운데 백 가지를 알고 천 가지를 당해 내지 못한다면 우리 선가에 진실로 전할 수 없는 묘한 도리가 있다는 사실을 알 수가 없었을 것입니다. 바야흐로 이 하나의 인연은 전할 수도 없고 배울 수도 없음을 믿었으니, 모름지기 스스로 증명하고 스스로 깨달아야 하며 스스로 긍정하고 스스로 쉬어야 비로소 투철할 것입니다."

- 『서장』, 「이참정 한로에게 보낸 답장」에서

이 도리는 실제로 계합한 사람만이 이심전심으로 통할 수 있는 것이다. 과부 사정은 홀아비가 아는 법이다. 같은 경험이 없다면 결코 알 수가 없다. 이것은 도무지 전할 수가 없는 도리이다. 알 수 없지만 모를 수는 더더욱 없는 것. 언제나 결코 나를 벗어나지 못하는 것. 어찌 이럴 줄이야 상상이나 할 수 있겠는가. 묘하고 묘하다는 소리밖에 나오지 않는다.

애초부터 찾을 필요도 없고, 배울 필요도 없는 것으로, 찾고 배울수록 어긋나는 것이지만, 그렇다고 찾지도 않고 배우지도 않는다면 깨달을 기회마저 없는 것이니 참으로 이럴 수도 없고 저럴 수도 없는 진퇴양난의 길이 이 공부 길이다.

커다란 신심과 분심, 생사를 뒤로한 용맹심을 발휘하여 반드시 스스로 확인하고 스스로 증명해야 한다. 스승에게 지나치게 의지하는 것도 이 공부에서는 삼갈 일이다. 자신의 공부가 스스로 분명하다면 스승마저도 뒤로 남겨 두고 홀로 자기의 길을 가야 한다. 그것이야말로 스승에 대한 최고의 예의다. 모름지기 한 물건도 남겨 두어서는 안 된다. 스스로 투철하다면 부처와 조사의 인가조차 구하지 않는 것이다.

가을 밤 쓸쓸한 귀뚜라미 소리,
이 어찌 배워서 아는 것이랴?

10
체험, 해오(解悟), 증오(證悟)

소위 마음공부라는 것을 하다 보면 이런저런 체험이란 것을 하게 된다.

체험에는 육체 차원의 에너지(氣) 체험에서부터, 정신적 차원의 초월적 의식 상태, 합일의식이라든지, 성성적적(惺惺寂寂)한 각성 상태, 심리적 구속에서 벗어난 듯한 해방감, 인식의 확장과 통찰력의 확대, 깊고 고요한 삼매의 증득 등 헤아릴 수 없는 다양한 종류가 있다.

누군가의 이야기나 책을 통해 이러한 체험이 깨달음의 관문 내지는 깨달음 자체라는 잘못된 정보를 가지고 그것을 학수고대하는 부류의 사람들이나, 천신만고 끝에 마침내 그러한 체험을 한 부류 역시 아직은 깨달음이 진정 무엇을 의미하는지 제대로 모르기는 마찬가지다.

흔히 그러한 체험 없이 지적인 이해를 통해 깨달았다고 착각하는 것을 해오라 하고, 그러한 체험을 통해 흔들림 없는 깨달음을 얻는 것을 증오라 구분한다. 미안한 이야기지만, 이러한 구분 역시도 깨달음이 진정 무엇을 의미하는지 제대로 몰라서 하는 이야기다. 깨달음은 이해하거나 증험할 수 있는 대상이 결코 아니다. 여전히 깨달을 '나'와 '깨달음'이 따로 벌어져서 하나가 다른 하나를 추구하고, 획득하고, 누릴 수 있다는 착각 속의 이야기일 뿐이다.

어리석고 깨닫지 못했던 '나'가 이제까지 '이해'하지 못했고, '체험'하지 못했던 것을 이해하고 체험해서 그 결과로 '깨달음'을 얻는 것이 결코 아니다. 그런 일 역시 아직 분별 망상의 영역에서 하는 소리다. 완전한 이해를 얻는 자는 누구인가? 온전히 하나가 된 체험을 하는 이는 또 누구인가? 도둑을 아들로 착각해서는 안 된다. 여전히 미세한 주체로서의 '나', 이른바 에고의식이 의식의 중심을 차지하고 그 모든 이해와 체험을 '나의' 소유물, '나의' 성취, 즉 '나의 깨달음'으로 분별하고 있다면, 미안한 말씀이지만 그것은 깨달음이 아니다.

깨달음은 결코 얻을 수 없다. 아니, 깨달음은 없다. 이것이 깨달음을 진정 증득한 것이다.『반야심경』에 "지혜도 없고 얻음도 없다. 그러므로 얻는 바 없다." 하고는 "보리살타가 반야바라밀

다에 의지하는 까닭에 아뇩다라삼먁삼보리를 얻는다."라 되어 있다. 얻는 것이 없기에 무상정등각을 얻는다. 『수심결』에서는 "다만 알지 못하는 줄 알면 그것이 바로 견성이다."라고 하고 있다.

내가 깨달음을 얻어 해탈하는 것이 아니다. 본래 있는 깨달음이 나라는 미망에서 벗어나는 것이다. 내가 깨닫지 못한 이유는 이해가 부족해서도, 체험을 하지 못해서도 아니다. 이해든 체험이든 깨달음이든, 도대체 누가 그것들로 골머리를 앓고 있는지부터 바로 보자. 도대체 그것이 무엇인가? 이 의문을 해결하는 것이 진정한 체험이며, 진정한 증득이다.

11
0°에서 360°, 원래 그 자리

이 공부를 처음 하는 사람이든 오래 했던 사람이든 참으로 벗어나기 어려운 함정이 지금 여기 있는 그대로의 나가 아닌, 언젠가 저기, 지금과 다른 나가 되려는 뿌리 깊은 습성이다.

공부를 해 가면서 이전까지 알지 못했던 사실을 알고, 경험하지 못한 경계를 경험하고, 깨닫지 못한 것을 깨닫게 되면서 뭔가 변화가 일어나고 있다고 생각하고 공부에 흥미를 느끼고 열성을 보인다.

그러다 어느 순간, 이전과는 확연히 다른 체험, 놀라운 경계가 드러나면, 그것이 그토록 바라마지 않았던 깨달음, 성불, 완성이 아닌가 하며 집착한다. 하지만 대부분 여기서 또 다른 불행이 시작된다.

공부를 시작조차 안 한 사람이나 소위 한 소식 했다는 공부인들 역시 대개 가장 집착하는 것이 깨닫기 이전과 깨달은 이후 뭐가 달라졌느냐 하는 점이다. 뭔가 달라져야 한다는 무의식적인 강박관념 같은 것이 있다.

그러한 강박관념이 일정 기간 일정 강도로 진행되면 그 관념에 걸맞은 현상들이 나타난다. 제 마음이 스스로 그런 현상을 지어낸 줄 모르고 객관적으로 그러한 현상이 나타난 것인 줄로 착각하는 순간 옆길로 샌다.

공부를 점검하는 길은 오히려 깨닫기 이전과 깨달은 이후에 전혀 변함없는 것을 알아차리는 지혜에 있다.

없던 것이 나타난 것은 반드시 시절 인연이 다하면 사라진다. 그것이 아무리 기막히게 좋은 것이라도 뭔가 알 수 있는 것, 느낄 수 있는 것, 구별할 수 있는 것, 기억할 수 있는 것은 영원할 수 없다. 그것이 무상의 이치다.

참된 깨달음은 깨달을 바가 따로 없었다는 사실에 대한 깨달음, 처음에는 이 눈앞의 현실과 자기 자신에게서 벗어나 해탈하려 하였으나 결국 이 현실과 자기 자신을 결코 벗어날 수 없다는 사실을 깨닫는 것이다.[27]

없는 것을 있다고 여기지 말고, 있는 것을 없다고 여겨야 한다. 그냥 그대로다.

깨닫기 이전의 사실에 티끌 하나도 덧붙이거나 먼지 하나도 덜어 낼 것이 없음에 문득 안심을 얻는 것이다. 산은 그대로 산이고 물은 그대로 물이어서 아무런 문제도 걸림도 없는 것이다. 언제나 그 자리를 한시도 떠난 바 없다는 사실을 확인할 뿐이다.

마조 선사가 깨달음을 얻고 고향에 오니 그 마을 노파가 이르기를, "무슨 대단한 스님이라도 오는 줄 알았더니 키[28] 만드는 마씨 집 아들 아닌가?" 하였다 한다. 예수가 고향 나사렛을 들렀을 때 고향 사람들은 "마리아의 목수 아들이 아닌가?" 하였다 한다.

만약 고향 사람들이 모두 마을 어귀에 나와 경배를 하고 맞아들여 성인으로 떠받들어 모셨다면, 이 두 사람은 제대로 된 성자들이 아닌 것이다. 언제나 그 사람인 것이다.

---

[27] 이 말은 오해의 소지가 다분하다. 현실과 자기 자신이 결코 분리되어 있지 않다는 사실, 현실이 그대로 자기 자신이고, 자기 자신이 그대로 현실 자체라는 사실을 깨닫는 것이다. 노자의 말에 이런 말이 있다. "뛰어난 사람은 도에 대해 들으면 힘써 행하려 하고, 어중간한 사람은 도에 대해 들으면 이런가 저런가 망설이고, 못난 사람은 도에 대해 들으면 크게 비웃는다. 웃음거리가 되지 않으면 도라 할 수가 없다."

[28] 곡식 따위를 까불러 쭉정이나 티끌을 골라내는 도구.

12
닦을 것 있음과 닦을 것 없음

옛날부터 이 공부 도중에 자칫 빠지기 쉬운 함정 하나가 문득 깨달은 뒤에도 닦을 것이 있느냐(돈오점수), 아니면 한 번 깨달으면 닦음도 즉시 완성되어 마치느냐(돈오돈수) 하는 것이다. 이 두 가지 관점이 모두 방편의 말임을 철저히 알면 문제가 되지 않겠으나, 여전히 미세하게 깨달음과 닦음의 분별이 남아 있는 한은 이 문제를 말끔히 벗어나지 못한다.

스스로 비록 깨달음의 체험은 있으나 미진한 느낌이 남아 있는 이들에게는, 한 번 깨달으면 될 뿐 닦을 것이 남아 있어서는 안 된다고 이끌 뿐이다. 아직 뭔가 쥐고 있는 것이 있기에 스스로 분별에 떨어져 있는 것이다.

그리고 한 번 깨달으면 본래 아무 일이 없기에 더 이상 깨달을 것도 닦을 것도 없다는 이들에게는, 세월의 흐름과 단련 속에 분명 익숙해지고 달라지는 경계가 있음을 들어 향상의 한 길로 가야 한다고 이끌 뿐이다. 역시 아직 뭔가를 쥐고 있기에 제 스스로 일으킨 분별임을 본인은 잘 알지 못한다.

이 두 가지 헛된 논의[29]가 모두 자기가 누려 쓰고 있는 자성 안에서 벌어지는 일임을 투철히 깨달아야 할 일이다. 깨달음과 수행이 모두 어젯밤 곤한 잠 속의 잠꼬대, 헛된 꿈이었을 뿐이다.

그물을 벗어난 금빛 잉어는 여전히 물속에 머물고
길을 되돌아간 돌말(石馬)이라야 비단 그물을 벗어난다.

---

29 이런 논의를 희론(戱論)이라 하는데 이는 용수(龍樹)가 쓴 『중론(中論)』에 나타나는 개념으로, 대상을 분별해서 거기에 언어와 의미를 부여하는 지적 작용을 말한다. 혹은 언어에 대응하는 실체 관념을 형성하는 전도된 인식이라는 의미도 있다. 예컨대 우리가 '나'라는 표현을 할 때 마치 그 지시어에 대응하는 어떤 영속적인 실체가 존재한다는 선입견을 갖는다. 그러므로 모든 언어적 표현 자체가 희론이라기보다는 언어와 언어가 가리키는 대상의 실체성에 얽매이는 우리들의 태도가 문제이다.

13
훈습의 중요성

흔히 생각하는 바와 달리 갑작스러운 인식의 전환, 깨달음의 체험보다 중요한 것이 그러한 전환과 체험 이후 훈습(薰習)[30]의 과정이다. 시간적 비중으로 따져 보아도 깨달음에 이르게 되는 시간보다도, 훈습을 통해 과거에 가지고 있었던 견해와 행동 습관에서 벗어나는 과정에 걸리는 시간이 비교할 수 없을 만큼 오래 걸린다. 그리고 그러한 지루한 훈습 과정 가운데 공부하는 사람이 느끼는 심리적 부담감 역시 깨달음에 이르기 이전보다 훨씬 더 크고 무겁다.[31]

---

30 불교에서 습관적 행동에 따른 잠재인상을 가리키는 말로서, 어떤 것에 계속하여 자극을 줄 때, 그것이 점차 그 영향을 받는 작용. 예를 들면 옷은 원래 향기가 없는 것이지만, 향료와 의복을 함께 두면 그 옷에도 향기가 배게 된다. 이와 같이 어떤 것의 성질이 다른 것으로 이행하는 것을 가리켜 이르는 말이다.

31 영화 〈매트릭스〉에서 비록 가상현실로부터 깨어났으나 다시 그곳으로 돌아가기 위해 스미스 요원과 거래하는 사이퍼란 인물이 나오는 장면을 눈여겨 다시 보기 바란다. 대승불교에선 본각(本覺), 즉 본래 깨달아 있으나, 신훈(新薰), 새롭게 훈습한다는 말이 있다.

그런 까닭에 대혜종고 스님은 "가끔 영리한 사람들은 큰 힘을 들이지 않고 이 법을 깨치고서 쉽다는 생각을 내어 닦으려고 하지 않고, 세월이 흐르다 보면 예전 버릇에 빠져서 윤회를 면하지 못한다."하였고, 근세 만공 스님도 "깨닫기 전에도 한 번 죽을 고비를 넘겨야 하고, 깨닫고 나서도 한 번 더 죽을 고비를 넘겨야 비로소 대무심지에 들어간다."하였으며, 전강 스님 역시 "오히려 깨달은 뒤에 하는 공부가 더 어렵다."한 것이다. 이른바 깨달음이란 공부의 목적지가 아니라 그 출발점일 뿐이다.

14
소태산 박중빈의 소 기르는 공부

근세 우리나라 신흥 종교 가운데 소태산 박중빈[32]을 교조로 한 원불교가 있다. 원불교의 정전(正典)이라 할 『원불교전서』「대종경」 수행품에 눈여겨볼 만한 대목이 있어 옮겨 본다.

"대종사 말씀하시기를 '내가 한 생각을 얻기 전에는 혹 기도도 올렸고, 혹은 문득 솟아오르는 주문도 외웠으며, 혹은 나도 모르는 가운데 적묵에 잠기기도 하였는데, 우연히 한 생각을 얻어 지각이 트이고 영문(靈門)이 열리게 된 후로는, 하루에도 밤과 낮으로, 한 달에도 선후 보름으로 밝았다 어두웠다 하는 변동이 생겼고, 이 변동에서 혜문(慧門)이 열릴 때에는 천하에 모를 일과 못할 일이 없어 자신이 있다가도 도로 닫히고 보면 내 몸 하나도 어찌할 방략이 없어서, 나의 앞길을 어떻게 하면 좋을까 하는 걱정이

---

32 원불교의 창시자. 우주의 자연현상에 깊은 의심을 품고 20년간 구도에 힘쓴 끝에 큰 깨달음을 얻었다. 1924년 익산에서 일원(一圓)을 최고의 종지(宗旨)로 하고 이를 신앙의 대상과 수행의 표본으로 삼는 불법연구회를 조직했다. 이것이 원불교의 시작이었다.

새로 나며 무엇에 홀린 것 같은 의심이 나더니, 마침내 그 변동이 없어지고 지각이 한결같이 계속되었노라.'"

이분도 공부 과정에서 '한 생각 얻어 지각이 트이고 영문이 열리게 된 후', 곧 체험 이후에 '하루에도 밤과 낮'으로, '한 달에도 선후 보름'으로 '밝았다 어두웠다' 하는 변동이 생겨 어쩔 때는 '천하에 모를 일과 못할 일'이 없을 듯 자신이 있다가, 어쩔 때는 '내 몸 하나도 어찌할 방략'도 없고, '나의 앞길'을 어찌할지, '무엇에 홀린 것 같은 의심'이 사라지지 않았다 한다.

분명 이분도 체험 이후의 흔들림, 점수의 과정을 겪은 것 같다. 그러다가 언제부터인가 '마침내 그 변동이 없어지고 지각이 한결같이 계속'되게 되었다 한다. 십중팔구 공부인은 체험 이후에 곧장 안정이 되고 한 조각이 이루기보다는 '나'와 '체험'이 따로 있는 듯한 불분명한 시기를 거치게 마련인 것 같다. 그리하여 어떤 때는 둘 아닌 자리가 분명하다가도, 다시 어떤 때에는 그 자리가 불분명하거나 스스로의 깨달음에 의심이 일어나는 모양이다.[33]

"대종사 말씀하시기를 '공부하는 사람이 밖으로는 능히 모든

---

33 깨달음의 체험 이후 공부인들이 겪는 혼란에 관해 가장 도움이 될 만한 가르침으로는 아디야샨티의 『깨어남에서 깨달음까지(The End of Your World)』(정성채 역, 정신세계사, 2011)를 추천한다.

인연에 대한 착심을 끊고 안으로는 또한 일심의 집착까지도 놓아야 할 것이니 일심에 집착하는 것을 법박(法縛)이라고 하나니라. 사람이 만일 법박에 걸리고 보면 눈 한 번 궁글리고 몸 한 번 동작하는 사이에도 법에 항상 구애되어 자재함을 얻지 못하나니, 어찌 큰 해탈의 문에 들 수 있으리요. 그러므로 공부하는 사람이 성품을 기르되 모름지기 자연스럽게 기르고 활발하게 운전하여 다만 육근이 일 없을 때에는 그 잡념만 제거하고 일 있을 때에는 그 불의만 제거할 따름이라, 어찌 일심 가운데 다시 일심에 집착하리요. 비하건대, 아기를 보는 사람이 아기의 가고 옴과 노는 것을 자유에 맡겨서 그 심신을 활발하게 하되, 다만 위태한 곳에 당하거든 붙잡아서 가지 못하게 하고 위태한 물건을 가지거든 빼앗아서 가지지 못하게만 하면 가히 아기를 잘 본다고 할 것이어늘, 아기를 본다 하여 아기를 붙잡고 굳게 앉아서 종일토록 조금도 움직이지 아니하면 아기는 자연히 구속에 괴로워할 것이니 일심에 집착하는 폐단도 또한 이에 다름이 없느니라.'"

허허, 절로 감탄이 나오는 말씀이다. 스승도 없이 홀로 깨쳤다는 이분이 어찌 이런 도리를 아셨을까? 원불교가 같은 시기에 나온 신흥 민족종교들 가운데 그나마 기성 종교로서 자리매김할 수 있었던 데에는 소태산 대종사의 공부와 안목이 분명하였기 때문일 것이다. 공부인이 가장 넘기 힘든 고개 중 하나가 깨달음에 대한 집착마저 놓아 버리는 것이다. 해탈은 모든 곳으로부터의 해탈이기에 깨달음도 예외일 수는 없다.

"대종사 김남천에게 말씀하시기를 '내가 일전에 어떤 사람이 소를 타고 가는 것을 보니, 사람의 권리대로 소를 끌지 못하고 소의 권리에 사람이 끌려가는데, 그 소가 가시밭이나 구렁으로 들어가면 가시밭이나 구렁으로 끌려 들어가고 산이나 들로 가면 산이나 들로 끌려가서 자빠지고 엎어지니 의복은 찢어지고 몸은 상하여 차마 볼 수 없더라. 내가 그 광경을 보다가 그에게 말하기를 그 소를 단단히 잡아서 함부로 가지 못하게 하고 꼭 길로만 몰아가면 그런 봉변이 없을 것이 아닌가 한즉, 그 사람이 말하기를 그러하면 오죽 좋으리요마는 제가 무식하여 이 소를 길들이지 못하고 모든 권리를 소에게 맡겼더니 저는 점점 늙어지고 소는 차차 거칠어져서 이제는 도저히 어거할 능력이 없다 하더라. 오늘 그대의 오는 것을 본즉 역시 소를 타고 오니 그 소는 어디 있는가.'

남천이 사뢰기를 '방금 타고 있나이다.'

대종사 말씀하시기를 '그 소의 모양은 어떻게 생겼는가.'

남천이 사뢰기를 '키는 한 길이요, 빛은 누른 빛이요, 신은 삼으로 만든 신이오며, 수염은 혹 검고 혹 희게 났나이다.'

대종사 웃으시며 말씀하시기를 '그대가 소의 모양은 알았거니와 그러면 그대의 소는 그대의 하자는 대로 잘 하는가 그대도 역시 소에 끌려 다니게 되는가.'

남천이 사뢰기를 '소가 대체로 저의 하자는 대로 하나이다. 만일 정당한 일에 소가 게으름을 부리오면 호령하여 아무쪼록 그 일을 하게 하오며, 부당한 일에 소가 동하려 하오면 또한 호령하여 그 일을 하지 못하게 하나이다.'

대종사 말씀하시기를 '그대가 소를 이미 발견하였고, 길들이는 법을 또한 알았으며, 더구나 소가 그대의 말을 대체로 듣게 되었다 하니, 더욱 힘을 써서 백천만사를 다 자유 자재하도록 길을 들이라.'"

하하, 얼씨구 좋다 지화자 좋구나! 이 풍류, 이 소식을 그 누가 안단 말이냐! 세상사 오욕락(五慾樂)이 아무리 좋다 하여도 나는 아직 이러한 재미보다 더 나은 재미를 모르겠다. 내가 바보겠지? 하하하! 백아가 거문고를 타니 종자기가 박자를 맞추는구나! 정녕 이 도리를 아는구나! 이와 같고 이와 같으니 또한 이와 같고 이와 같도다! 이런 바보들과 술 한 잔 기울이며 달을 희롱하고 별을 노래하고 싶구나!

15
깨달음 뒤의 공부

"한 번 깨달음을 얻은 뒤로 그 사람은 영원히 행복하게 살았답니다." 이러한 동화 같은 결말을 바라는 이들에게는 믿고 싶지 않은 사실이겠으나, 깨달았다고 해서 삶의 자질구레한 문제로부터 단박에 완전히 벗어나는 일은 없다. 도(道), 법, 진리 그 자체는 애초부터 더할 것도, 뺄 것도, 얻을 것도, 닦을 것도 없으나, '나'라는 고정된 실체의 감각이 있는 한은 여전히 번뇌 망상과 분별이 계속 일어날 수밖에 없다. 물론 종국에는 그러한 '나'라는 고정된 실체의 감각 역시 망상이었음이 밝혀지게 되지만 그러기까지는 분명 낯선 것에 익숙해지고 익숙한 것에 낯설어지는 과정 아닌 과정이 엄밀히 있다.

솔직히 깨닫기는 어려운 일이 아니나 깨달은 뒤의 미혹으로부터 벗어나기란 결코 쉬운 일이 아니라는 것이 개인적인 소견이다. 불교 역사에 있어서 대승, 또는 선의 전통에서 성문, 연각 등 소승에 대해 비판적 시각을 가지는 이유 가운데 하나가 소승이 깨달음과 열반의 성취와 실현에 집착하고 있기 때문이다. 이른바 구경각, 최후의 깨달음은 깨달음과 열반으로부터, 해탈마저도 버리고, 벗어나야 하는 것이다. 깨달음과 열반, 해탈에 머무른다면 여전히 한쪽에 치우친 것이다. 불이중도, 참다운 공은 어떠한 것, 심지어 도, 법, 진리에조차 머물지 않는 것이다.

공부는 공(功)을 들이는 것이다. 애를 써서 무엇을 따로 하는 것은 없지만 늘 이 알 수 없는 하나를 떠나지 않는 것이 공부다. 이것을 간화선에서는 화두를 놓치지 말라고 표현한다. 여기서 화두란 고칙(古則)[34] 공안의 연구가 아니다. 그저 알 수 없는 하나, 이것도 아니고 저것도 아닌 우리의 본래면목이 화두다. 하루 24시간 '무~!' 하고 있는 것이 아니라 그 모든 생각 이전에 성성하고 적적한 이 눈앞을 놓치지 않는 것이다. 본래 놓칠 수 없는 것이지만 자기도 모르게 생각, 경계를 좇는 습관이 발동하면 다시 흔들림이 생기고 안목이 어두워지게 되는 것이다. 그래서 늘 깨어 있으라 경책하는 것이다.

한 십여 년을 공을 들이면 비로소 공부에 힘을 더는 계기가 찾아오는데 그것이 바로 공부의 힘을 얻는 것이다. 설사 깨달았다

---

[34] 깨달음을 구하기 위해 참선하는 수행자에게 본보기가 되는 고인(古人), 곧 부처나 조사의 파격적인 문답 또는 언행(言行). 큰 의심을 일으키게 하는 부처나 조사의 역설적인 말이나 문답.

하더라도 밝지 못했던 법의 안목이 또렷해지고, 자신도 모르게 가지고 있었던 의심이 박살나게 되면서 참으로 한 덩어리라는 확신이 생긴다. 이 과정은 마치 별빛조차 사라진 어두운 밤길을 홀로 걸어가는 것과 같다. 기존에 가지고 있던 알음알이가 전혀 의지할 것이 못 되는 까닭에, 실제 공부는 일곱 번 넘어지고 여덟 번 엎어지는 것처럼 진도가 잘 나가지 않는다. 따라서 처음 가졌던 서원이나 이 공부에 대한 의지가 분명하지 않다면 반드시 공부가 답보 상태거나 뒷걸음질 하게 된다.

그래서 필요한 것이 선지식이고, 도반이고, 좋은 경전이나 어록과 같은 책들이다. 널리 선지식을 찾아가 가르침을 받고, 도반들과 공부의 경험을 공유하며, 경전과 어록 등을 열람하며 자기 공부를 점검하는 것도 필요하다. 그러기 위해서는 사람과 공부에 대해 열린 마음 자세를 가지고 꾸준하고 성실한 자세로 공부에 임해야 한다. 아직 스스로의 안목이 분명하지 않으면 여러 선지식을 찾아다니는 것이 오히려 독이 될 수 있으며, 도반들과 공부를 가지고 경쟁할 수 있고, 경전과 어록의 말을 규범으로 삼아 자신과 남들을 얽어맬 수 있는 위험에 빠질 수도 있다. 조심하고 조심할 일이다.

16
깨달음의 비상구

깨닫고 난 뒤에 반드시 눈 밝은 사람을 찾아가 단련을 받으라 하거나, 마지막 의심을 해결하라 하거나, 점검 인가를 받으라 하는 말이 있다. 우리의 미혹은 우리의 한 생각이 일으킨 것이다. 이 아무것도 아닌 한 생각이 온 우주를 덮어 사람으로 하여금 무명의 어둠 속에서 헤매게 만든다. 그래서 비록 한 순간 몰록 깨침을 얻었다 할지라도 미세한 망상, 특히 깨달음과 깨달은 사람에 관한 오해와 착각으로 인해, 오히려 깨친 이후에 더욱 깊은 절망과 어둠 속에 떨어지기도 한다. 이 과정은 공부하는 이가 반드시 뚫고 나아가야 하는 과정이다. 깨달음으로 들어오는 관문도 힘이 들었겠지만, 정작 더욱 힘든 난관은 깨달음으로부터 나가는 문이다.

이 두 문을 통과하는 길은 오직 스스로의 안목이 밝아지는 것밖에는 없다. 둘 아닌 하나의 진리에 철저하게 사무치지 못하면 자기도 모르는 사이 또다시 분별에 떨어지고 만다. 깨달음을 얻었는데 어째서 괴로움이 사라지지 않는가? 왜 깨닫기 이전이나 지금이나 생각과 욕망이 치성하게 일어나는가? 왜 마음이 고요해지지 않는가? 이 모두가 스스로 지은 한 생각으로 인해 만들어낸 분별일 뿐이다. 아직 안목이 철저하지 못해 자신의 실수를 알아차리지 못하고 있는 것이다. 여전히 분별하는 눈으로 법을 보기 때문에 이 법이 본래 물들거나 상처받을 수 없다는 사실을 모르는 것이다. 본래 텅 비어 소란스럽다거나 시끄럽다는 경계와 상관이 없다는 사실을 알지 못하는 것이다.

깨달음은 본래 깨달을 것이 없었다는 사실에 대한 깨달음일 뿐이다. 본래 그런 일은 없다. 넋을 놓고 있던 사람이 문득 정신을 차리고 보니 자신은 예전 그대로 자기 자리에 있었을 뿐이다. 미혹이 분별 망상이었다면 깨달음 역시 분별 망상이다. 무명의 미혹을 버리고 안팎이 뚜렷한 깨달음의 경지를 얻는 것이 아니다. 이미 무명의 미혹 그대로 안팎이 뚜렷한 깨달음이기에 무명의 미혹과 안팎이 뚜렷한 깨달음을 동시에 내려놓는다. 그저 기쁨이 오면 기뻐하고, 슬픔이 오면 슬퍼할 뿐이다. 기쁨에 집착하지도 않고 슬픔을 거부하지도 않는다. 어떤 것도 기특한 일이 없이 담담할 뿐이다. 늘 그대로다.

17
본래의 상태 1

흔히 참선한다 하면 고요히 앉아 있는 것, 온갖 복잡한 생각을 가라앉히고 주관과 객관을 모두 다 잊은 무념무상의 삼매에 들어가는 것으로 생각하기 십상이다.

사람들은 얼마나 어리석은가?

이런저런 생각이 뚝 끊어진 상태가 그리 좋다면 벽돌 한 장으로 스스로 머리를 내리쳐라. 고요하고 편안한 경계에 탐착하는 것만큼 뿌리 깊은 병은 없다. 자신의 생각에서 일어난 번뇌를 어쩌지 못해 술에 의지하거나 마약에 의지하는 것과 무엇이 다른 행위인가?

현재의 의식 상태에서 벗어나 다른 초월적인 의식 상태를 구하는 것 자체가 있는 그대로의 진리, 진여와는 어긋나 있다.

선정 삼매란 말 그대로 흔들리지 않는 안정된 상태를 말한다.

그러한 일정한 의식 상태, 예를 들어 고요함, 편안함, 지복감, 환희감 등등의 의식 상태는 서로 다른 상태와 구별이 가능하다. 즉 느낌이나 감정, 의식의 일정한 모양이 있는 것이다. 모양이 있어 구별되는 의식의 상태들은 반드시 변화한다.

의식을 명상이나 각종 수행 방편으로 억지로 찍어 눌러 일정한 상태로 만들려고 하는 행위 자체가 분별이요, 흔들림이요, 망상이다. 변함없는 일정한 의식 상태가 되고 싶다면 모든 신경을 끊어 버리고 식물인간이 되는 것이 가장 빠른 길이다.

이 공부하는 사람들이 가장 납득하기 힘든 부분이 그렇게 억지로 만들어 내려고 하는 선정 삼매가 이미 본래 갖추어져 있다는 것이다. 따라서 그것은 반복적인 수행을 통해 얻거나 개발할 수 있는 게 아니다.

본래 그러함을 문득 확인할 때, 깨달음의 지혜가 발현될 때가 그대로 참다운 선정이다. 선정과 지혜가 둘이 아닌 것이다. 우리 의식의 본래 상태가 선정이다. 본래 흔들릴 수 없는 것이다.

허망한 분별에 의해 본래 순수한 하나의 의식을 스스로 분열시

켰기에 다양한 의식 상태가 있는 것처럼 보일 뿐이다. 그러나 본래의 순수한 의식, 그것을 마음, 도, 법, 부처, 불성, 자성이라 부르는데, 그것은 본래 하나다. 둘 아닌 하나는 모양이 없다.

그것을 곧장 드러내 보이겠다.

손바닥으로 바닥을 내리쳐 보라. 소리가 날 것이다. 여기서 모든 모양을 제거해 보자. 손바닥도 없애고, 바닥도 없애고, 소리도 없애자. 뭐가 남아 있는가?

18
본래의 상태 2

진리는 노력을 통해 성취해야 하는 어떤 목표나 대상이 아니다. 이미 주어져 있는 것, 본래 갖춰져 있는 것이어야만 한다. 일정한 시점에 생겨나거나 얻어진 것은 반드시 다른 시점에 사라지거나 잃게 되는 것이 무상한 자연의 이치이기 때문이다.

다시 손으로 바닥을 쳐 보자.

손도 아니고, 바닥도 아니고, 소리도 아닌 것이 있다. 어떤 사물로서, 모양으로서 있는 것은 아니지만, 없는 듯이 있다. 왜 있는지, 언제부터 있었는지, 어떻게 있는지 생각으로 헤아릴 수 없지만 언제든지 이렇게 있다.

모양만 분별하는 생각 속에 있을 때는 이것의 존재를 알아차리지 못하다가 홀연히 한 번 이것이 있었음을 새삼 깨닫게 되는 일이 소위 깨달음, 견성이다. 애써 노력해서 만든 것도, 얻은 것도 아니다. 본래 이렇다.

그래서 깨닫고 보면 너무나 어이없는 일이 아닐 수 없다. 이렇게 쉽고, 이렇게 분명하고, 이렇게 단순한 것을 그동안은 어찌 알아차리지 못하였던가? 이것을 깨닫는 것이 불가사의한 일이 아니라, 이것을 깨닫지 못하는 일이 오히려 더 불가사의한 일인 것이다.

찾을 필요도 없이 이미 이렇게 주어져 있는 것을, 늘 그 속에서 맴돌고 있는 것을, 바로 자기 자신과 이 세상 전체여서 먼지 하나 여기서 빠져나갈 수 없는 것을, 어이 몰랐단 말인가? 참으로 이상하고 이상하다.

19
있는 그대로

우리는 이미 깨달아 있다.

이미 와 있는 깨달음을 가로막는 것은
그대의 헛된 희망, 불가능한 바람 때문이다.

이 불만족스럽고 누추하고 비루한 나와 현실을 벗어나
영원한 만족과 기쁨 속에 머물고 싶다는 그 한 생각 때문이다.

깨달음은 로또가 아니다.

깨달음은 바로 지금 여기의 나와 현실을 허물지 않는다.
그것을 일러 있는 그대로라 한다.

깨닫기 이전과 깨달은 이후는 100% 동일하다.

여전히 좋은 것은 좋고, 싫은 것은 싫다.
아는 것은 알고, 모르는 것은 모른다.

동시에 깨닫기 이전과 깨달은 이후는 100% 다르기도 하다.

좋은 것에 집착하지도 않고, 싫은 것을 거부하지도 않는다.
아는 것에도 명백하고, 모르는 것에도 명백하다.

깨닫기 이전에는 있는 그대로라는 사실이 재앙이다.
그러나 깨닫고 보면 있는 그대로라는 사실이야말로 축복이 아닐 수 없다.

깨닫기 이전에는 현재의 나와 현실에서 한 치도 달라지는 것이 없다는 사실에 절망한다.

그러나 깨닫고 보면 언제나 이대로일 뿐 이밖에는 어떤 다른 가능성조차 없다는 사실에 안심한다.

깨닫기 이전에는 깨달음이 있었지만, 막상 깨닫고 보면 그런 것은 없다.

모든 것은 있는 그대로다.

20
자기

이 법은 사량 분별, 곧 생각으로 파악할 수 없다. 생각하는 자도 자신이고, 생각도 자신이고, 생각으로 파악하려는 법도 자신이기 때문이다. 도무지 조그만 틈도 없이 한 덩어리인데 어찌 생각을 일으켜 파악할 수 있겠는가? 생각을 통해 이해하려는 그 노력이 더욱 이 법에서 멀어지게 만들 뿐이다. 애초부터 생각할 필요가 없는 것이 바로 이 법이다. 이렇게 눈앞에 역력하게 드러나 있어 한시도 떠난 적이 없다. 노골적으로 공개되어 있어 오히려 사람들이 쉽사리 지나쳐 버린다.

따로 찾아야 할 법, 구해야 할 깨달음, 도달해야 할 열반의 세계가 없다. 다만 그러한 착각에서 비롯된 어지러움이 멈추면 그대로 법이고, 깨달음이고, 열반이다. 법, 깨달음, 열반은 바로 있는 그대로의 자기 자신이다. 자기 자신을 아는 데 어찌 생각의 힘을 빌려야만 하는가? 눈을 통해 본다. 보는 게 자기다. 귀를 통해 듣는다. 듣는 게 자기다. 머리로 생각한다. 생각하는 게 자기다.

바로 지금 이것이 자기다. "자! 기!" 하는 그것이 자기다.

　도무지 이 자기를 떠날 수가 없다. 깨어서 바쁘게 움직일 때도 이 자기이고, 꿈속에서 온갖 세상을 떠도는 것도 이 자기이고, 꿈도 없는 깊은 잠 속에서 자기가 있는지 없는지 모르고 있는 그것도 바로 이 자기이다. 이것을 일러 마음이라 하고, 불성이라 하고, 진여라 한다. 바로 그대 자신과 그대 자신을 둘러싼 외적·내적 세계 전체다. 자기 아닌 것이 없다. 그러므로 자기라는 물건 역시 따로 없다. 이것이 둘 아님이다. 둘도 아니지만 하나도 역시 아니다. 그저 바로 이것이다.

　슬퍼도 자기, 기뻐도 자기, 번뇌 망상에 빠져도 자기, 법희 선열 속에 있어도 자기일 뿐이다. 이 형상 없고, 자취 없고, 알 수 없고, 느낄 수 없고, 얻을 수 없고, 잃을 수 없는 것이 자기다. 자기가 자기에게 속고 있을 뿐이다. 개체로서의 자기는 전체로서의 자기가 꾸는 꿈일 뿐이다. 전체로서의 자기가 바로 삼매다. 따로 자기의 본래면목이 있다는 망상에서 깨어나면 그대로 깨달음이다. 바로 지금 그대가 그러하다. 오직 그대가 스스로 믿지 못하고 깨닫지 못했을 뿐이다. 깨어나라.

21
눈앞을 보라

바로 지금 여기가 피할 수 없는 곳이다. 매 순간순간이 피할 수 없는 곳이다. 바로 그 자리가 공부가 끝나는 곳, 공부가 필요 없는 곳이다. 늘 바로 그 자리다. 생각을 일으켜 '어디? 그게 뭐지?' 하고 헤아리면 놓칠 수 없는 것을 놓치는 셈이고, 벗어날 수 없는 곳에서 벗어나는 꼴이다.

볼 때 보는 자도, 보이는 대상도, 보는 일도 없다면, 그것이 무엇인가? 들을 때 듣는 자도, 들리는 소리도, 듣는 일도 없는 것이라면 그 전체가 다 무엇인가? 볼 때 도무지 피할 수 없는 곳, 첫째 자리에 있는 것은 무엇인가? 들을 때 듣는 자와, 들리는 소리와, 들리는 일이 분리되기 이전에 있는 것은 무엇인가?

눈앞을 보라.[35]

---

35 보는 놈을 보라. 의도적으로 보는 게 아니다. 눈앞을 보고 있는 것이 보는 놈을 보고 있는 것이다. 보는 놈과 보이는 대상은 분별 망상이다. 보는 것이 보는 놈을

바로 지금 여기 불법이 있다. 눈으로 이 글을 읽는 일이 불법이다. '이게 무슨 개소리야?' 하고 생각하는 일이 불법이다. 눈을 껌 뻑이고 침을 꿀꺽 삼키는 일이 불법이다. 머리를 긁적이고 방귀를 뽕 뀌는 일이 불법이다. 불법 아닌 일이 없으니 따로 불법이라 할 일도 없다. 생각으로 이해하려 애쓰지 않는다면 여기에 무슨 문제가 있는가? 잘 보고, 잘 듣고, 잘 숨 쉬고, 잘 소화시키고, 잘 살고 있다. 이뿐이다.

눈앞을 보라.

바로 지금 이 순간 이것인가 저것인가 헤아리지 마라. 바로 그 헤아리는 분별이 본래 있는 이것에서 멀어지게 만든다. 찾기 때문에 찾지 못하고, 구하기 때문에 구하지 못하고, 얻으려 하기 때문에 얻지 못한다. 깨달음을 잡으려 하지 마라. 그 때문에 잡을 수가 없다. 깨달음의 체험을 기대하지 마라. 그 때문에 체험하지 못한다. 이렇게도 안 되고, 저렇게도 안 된다.

눈앞을 보라.

바로 지금 여기 이 순간 이 일뿐이다. 어떤 것도 이 일이다. 모

보고 있는 것이다.

든 일이 이 일이다. 나도 잊고, 세상도 잊고, 잊는 일도 잊어라.

눈앞을 보라.

바로 지금 여기에서 자기 공부를 돌아보지 마라. 공부가 되는 건지 안 되는 건지 헤아리고 따지지 마라. 공부하는 자의 이해가 날카롭고 뛰어난 것과도 상관없고, 경계가 시끄럽고 고요한 것과도 상관없다. 주관과 객관이 모두 허망한 꿈속의 사람이나 대상과 매한가지다. 바로 지금 여기 이 일은 주관, 객관과 아무런 상관이 없다. 그 한 생각 헤아리는 마음, 분별심이 스스로 무너져 내리면 문득 모든 경계가 사라져 허공과 하나가 된 듯하다. 아무것도 걸림 없고 그동안 무엇 때문에 헤매었는지 어처구니가 없다는 느낌이 든다. 어찌 이 일을 이때까지 돌아보지 못했는지 그것이 더 신기한 일처럼 느껴진다.

그저 눈앞을 보라.

22
지극히 묘한 불법

지극히 묘한 불법은 일상생활에서 쓰는 평범한 마음에 있다. 지금 이렇게 보고 듣고 느끼고 아는 이것이 지극히 묘한 불법이요, 둘이 없는 불법이다. 이것을 진실로 깨닫게 된다면 평범한 일상생활도, 지극히 묘한 불법도 따로 없다. 언제나 볼 때는 보고, 들을 때는 듣고, 느낄 때는 느끼고, 알 때는 알 뿐이다. 언제나 이 마음을 쓸 뿐이나, 그 마음을 헤아리는 순간 길을 잃는다.

지금 가만히 자신의 존재를 느껴 보라. 바로 그때 자기 존재를 느끼는 그것을 순간 되돌려 살펴보라. 문득 그것이 텅 비어 있음을 깨닫게 된다면 그것이 바로 묘한 곳에 다다른 소식이다. 언제나 바깥의 대상을 비추던 거울이 불현듯 비추는 제 성품을 비추는 것처럼, 비추는 자도 비춰지는 대상도 문득 사라지고 알 수 없는 무엇 하나가 불쑥 드러날 것이다. 언제나 있었지만 미처 돌아보지 못했던 것이 드러날 것이다.

자신과 온 세상이 하나의 거대한 환상이다. 현실이라는 이름과 느낌의 환상이다. 이 뿌리 깊은 미혹의 잠에서 깨어나는 것이 깨달음이다. 깨어나면 부처와 중생, 깨달음과 미혹도 모두 꿈속의 이야기일 뿐이다. 이 꿈속의 인물인 '나'가 '깨달음'을 구하는 꿈을 꾸고 있는 것이다.

그러나 꿈에서(from) 깨어나 달리 다른 현실을 다시 얻는 것이 아니다. 그저 꿈으로(to) 깨어나는 것이다. 꿈에서 꿈으로 깨어나 꿈이 빚어내는 이야기에 속지 않을 뿐이다. 바로 지금 꿈꾸는 이것 이외의 다른 것을 구하지 않는다. 모든 것이 꿈일 뿐이니 꿈속의 어떤 것도 꿈 아닌 것이 아니다.

고통을 버리고 열반을 구하지 않는다. 고통도 꿈이고, 열반도 꿈이다. 번뇌를 싫어하고 선정을 좋아하지도 않는다. 번뇌도 꿈이고, 선정도 꿈이다. 미혹을 떠나 깨달음으로 나아가지도 않는다. 미혹도 꿈이고, 깨달음도 꿈이다. 모든 일이 일어나지만 아무 일도 일어나지 않은 것과 같다.

이 마음의 감옥이 그대로 해탈의 세계임을 사람들은 믿지 않는다. 언제나 자기를 버리고 남을 좇으려 한다. 이미 가지고 있는 것은 돌아보지 않고 자꾸 밖으로 구하려고만 한다. 찾으려는 대상보다 찾고 있는 자신에 초점을 맞추려 하지 않는다. 언제나 자기는 빼놓는다. 언제 어디서나 늘 자기인데. 곳곳마다 주인이며 곳곳마다 진실인데. 허허.

23
공개된 진실

　이 일은 이미 분명히 다 드러나 있는 일이다. 조금도 숨겨진 일은 없다. 조금도 부족하거나 보완되어야 할 것도 없다. 이 일은 제한할 수 있거나 제약할 수 있는 하나의 대상이 아니다. '나'라는 주체와 별개로 동떨어져 있는 것이 아니라는 말이다. 바로 그 '나'라는 한 생각이 본래 있는 이 일을 하나의 대상인 양, 경계인 양 취급하게 만든다. 그래서 '얻으려' 하고, '구하려' 하고, '깨달으려' 한다. 그러나 그러한 일은 애초부터 불가능하다.

　'나'를 포함한 모든 것이 이미 완벽하게 이 일 자체로서 다른 일은 존재하지 않기 때문이다. 그것이 곧 연기의 진실이요, 공의 실체요, 둘 아닌 바로 이 마음이다. 이 안목이 분명하지 못하면 설사 깨달은 바가 있다 하더라도 여전히 그 '깨달은 바'를 어떻게든 소유하고 유지하려는 노력을 쉬지 못한다.

　자신의 허망한 생각에 속아 끊임없는 조작을 일삼게 된다. 의식적인 노력으로 경계를 변화시켜 고요히 만들기 위해 애를 써야만 한다. 멀쩡하게 살아 있는 사람이 죽은 송장처럼 살아가려고 한다. 이렇게 되면 이 공부는 사람을 해탈로 이끄는 것이 아니라 또 다른 구속으로 얽매이게 만드는 것이다.

24
이 사실

이 사실을 문득 알아차릴 때의 느낌은 낯설면서도 묘하게 낯익은 느낌이다. 마치 다른 데 정신이 팔려 있다가 문득 제정신을 차린 것처럼, 체험 이전에는 도무지 알려고 해도 알 수 없고, 찾으려 해도 찾을 수 없는 것이 체험과 동시에 그냥 알아지고 눈앞에 그대로 드러나 있었다는 사실에 조금은 어이가 없다.

그동안 이 사실을 알지 못하고 있었다는 사실이 도무지 이해가 되지 않는다. 너무나 당연하고 너무나 분명한 것이다. 한시도 나를 떠난 적이 없는 이것이야말로 참나라 할 수 있겠다는 생각이 든다. 환희심이 들고 은은한 즐거움이 한동안 느껴지지만 그것은 중요한 것이 아니다. 체험이 통찰로 이어지기까지는 길고 짧은 시간이 경과해야 하는 경우가 많기 때문이다.

이 사실은 너무나 평범한 일상 그 자체다. 그래서 비범함을, 특별함을 추구하는 사람의 눈으로는 코앞에 갖다 줘도 보지 못한다. 중생이 곧 부처고, 번뇌가 바로 보리라는 말이 괜한 모순형용이 아니다. 진리가 값없는 보배라는 말은. 모르는 이에게는 값으로 따질 수 없을 만큼 존귀한 것이라 여겨지지만, 아는 이에게는 길거리의 개똥이나 들판의 잡초들처럼 한 푼의 값어치도 없는 평범한 것이라는 소리다. 그러나 진리는 공기와 같다. 우리가 숨 쉬면서 세금 한 푼 내지 않지만, 우리 목숨을 유지하는 데 가장 소중한 것이 공기이다.

진리를 성스럽고 존귀한 것이라 여기지 마라. 진리를 치장하는 순간, 진리는 권력이 되고 가치가 되어 인간 위에 군림하게 된다. 바로 지금 눈앞에 있는 것이 진리가 아니라 오랜 세월 고행과 난행, 수고와 노력을 통해 얻어지는 것만이 진리라면, 어찌 진리가 만인에게 평등한 것이고, 인간을 자유롭게 할 수 있는 것이겠는가?

25
본래 하나

흔히 처음 이 사실을 알아차린 사람들은 이것을 부분적으로 파악하게 된다. 비록 눈을 떴다 하더라도 오랫동안 눈을 감고 있던 여운으로 초점이 명확하지 않기 때문이다. 뭔가 희미하게 있는 듯한 느낌을 한동안 갖게 된다. 그래서 그것을 놓칠까 봐 노심초사하거나, 문득 유지되던 경계가 달라지면 이 일을 잃어버린 듯 불안해하면서 또 다른 유위적 수행에 빠지는 수도 있다.

가장 일반적인 경우가 성성적적이란 말을 잘못 이해하여 또렷또렷한 각성 상태가 24시간 365일 유지되는 것을 공부로 삼거나, 고요하고 편안한 경계가 끊어지지 않고 이어지는 것을 공부로 삼는 것이다. 그래서 어떤 의식 상태를 꼭 붙잡고 놓치지 않으려 하거나, 좌선과 같은 방편으로 삼매 상태에 들어가려 한다. 이는 모두 법을 경계로 오인한 까닭에 그러는 것이다.

우리는 깨닫기 이전에도 성성적적했다. 그것이 우리의 본성,

우리의 본래면목이다. 이 본래의 성성적적은 또렷또렷할 때나 흐리멍덩할 때나, 고요하고 편안할 때나 소란스럽고 불편할 때나 둘이 아니다. 경계가 아닌 법 자체가 그러하다. 법을 보는 안목이 없으면 설사 깨달았다 하더라도 여전히 두 조각으로 벌어져 있다. 그래서 그 둘 사이를 왔다 갔다 하면서 둘을 하나로 만들려는 헛된 노력을 한다.

 이 공부는 안목을 소중히 여길 뿐 경계를 가지고 논하지 않는다. 마음 바깥에 한 물건도 없는데 무엇을 있다거나 없다거나 할 것인가? 이것이 소화되지 않는다면 그동안 얻었다고 자부하던 것을 모두 내려놓고 다시 공부를 해야 할 것이다. 법의 노예가 되어 법에 묶이지 말아야 한다. 번뇌 망상에서 빠져나오는 것은 쉽지만, 보리 열반에서 도망쳐 나오기란 여간해선 쉽지 않은 일이다.

26
절대 불이

이 공부는 철저히 둘 아닌 공부다. 어지간히 공부를 해도 여전히 둘로 보는 습성을 고치지 못하는 경우가 허다하다. 예를 들어 '공부'라는 상을 가지고 있거나, '깨달음의 경지, 깨달음의 상태'를 유지하려는 태도, '수행자'라는 이미지에 스스로 얽매어 있는 것과 같은 것이다.

이 공부는 완전한 해탈이다. 해탈에 대한 생각에서도 해탈할 수 있어야 참다운 해탈이다. 번뇌와 고통에서의 해탈뿐 아니라, 깨달음과 열반에서도 벗어나야 참다운 해탈이다. 불법이니 공부니 깨달음이니 수행이니 하는 것에서도 벗어나야 참다운 해탈이다.

『법화경』에 이르기를, "이 법이 법의 자리에 머무니 세간의 모습 이대로가 상주불멸이다." 하였다. 『유마경』에 이르기를, "모든 법의 모양을 잘 분별하되 첫째 자리의 뜻에서 움직임이 없다." 하였다. 『금강경』에 이르기를, "모양을 취하지 않으니 여여하여 움직임이 없다." 하였다.

세간이 그대로 출세간이다. 세간법이 그대로 불법이다. 따라서 세간도 없고, 출세간도 없다. 세간법도 없고, 불법도 없다. 모든 것이 그대로 있고, 동시에 그대로 없다. 있지도 않고, 없지도 않다. 있을 때는 있고, 없을 때는 없다. 있어도 없고, 없어도 있다. 있는 것이 그대로 없는 것이고, 없는 것이 그대로 있는 것이다.

어떤 선지식은 이것을 '오직 할 뿐'이라 하였다. 볼 때는 볼 뿐, 들을 때는 들을 뿐, 먹을 때는 먹을 뿐, 일할 때는 일할 뿐! 슬픔이 오면 슬픔과 하나 되고, 기쁨이 오면 기쁨과 하나 된다. 전체로 슬프고 전체로 기쁘니, 슬픔이 따로 없고 기쁨이 따로 없다. 취모검(吹毛劍)[36]을 쓰고는 얼른 갈아 두어야 한다.

---

36 날 위에 터럭을 얹고 입김으로 불어 날리면 그것만으로도 잘릴 정도로 예리한 검. 불성(佛性)을 가리킴.

27
소를 타고 소를 찾는다

"아무리 설법을 들어도 모르겠습니다. 머리로는 이해가 되는데 실감이 나지 않습니다. 체험이 오지 않습니다."라고 이야기하는 분들이 많다. 자신이 생각으로 법을 분별하려 하고 있다는 것을 꿈에도 보지 못한 탓이다. '알아야 한다, 실감이 나야 한다, 체험해야 한다'라는 것이 바로 생각이고, 분별이다. 그 한 생각, 한 분별로 인해 이미 충분히 알고 있고, 실감하고 있고, 체험하고 있는 것을 확인하지 못한다. 물속에서 목말라 죽는 사람이다. 경회루에 앉아 서울 가는 길을 묻는 사람이다. 소를 타고 소를 찾는 사람이다.

바로 당신이다!

지금 어떤 느낌, 어떤 감정, 어떤 생각이 떠오르더라도 그 느낌, 감정, 생각의 모양, 내용을 따라가지 말고 그것을 '누가' 아는지, '무엇'이 그러고 있는지 돌아보라. 보통은 그 모든 것을 '나'

가 하고 있다고 생각한다(믿는다). 그 '나'가 과연 어떤 사람인지, 누군지 그 낯짝을 똑똑히 보라. 볼 수 있는가?

보려고 하는 자는 또 누구인가?

아는 것은 허락하지만, 만나는 것은 허락하지 않는다. 이 글귀를 투과할 수 있겠는가? 설사 그렇다 하더라도 십만 팔천 리다.

꿈속의 나그네
쉼 없이 오고 갔지만
꿈을 깨고 나면
온 적도 간 적도 없다.

꿈이 곧 나그네요
나그네가 바로 꿈이니
일어난 모든 일이
곧 아무 일도 없는 것이다.

28
공부의 길

이 공부에 들어가는 길은 대략 두 가지가 있다고 본다. 하나는 긍정의 길이고, 다른 하나는 부정의 길이다. 다시 말해 믿음의 길과 의심의 길이 있다. 그러나 결국 두 길은 한 곳에서 만난다. 곧 깨달음이다.

공부를 하는 과정에서는 두 길을 모두 다 통과해야 한다. 긍정의 길로 들어와서 부정의 길로 나아가든, 부정의 길로 들어가서 긍정의 길로 나아가든 두 길을 모두 걸어야 한다. 나중에 목적지에 당도하고 나서 돌아보면 결국 하나의 길을 걸어왔을 뿐이다.

믿음의 길이든 의심의 길이든 이제까지 자기가 가지고 있던 모든 것을 내려놓는 곳에 묘한 도리가 있다. 믿음도 의심도 결국엔 이 '나'라고 믿었던 것의 정체를 바로 확인하게 만드는 것이다.

스스로는 도무지 알 수 없고 믿을 수 없는 곳을 향해 나아갈 수 있는 용기가 믿음과 의심의 힘이다. 망설이고 주저하고 재고 따지고 헤아리고 비교하고 판단하는 것은 절대적인 믿음도 없고 철저한 의심도 없기 때문이다. 그게 둔한 근기이다.

이 공부는 참으로 미묘한 구석이 있어서 결코 말이나 글로 모든 것을 전달할 수 없다. 마치 무공(武功)과 같아서 실제로 공부하는 이가 초식의 비밀스러운 뜻을 몸으로 체득하지 못한다면 아무 쓸모가 없는 것과 같다. 스스로는 몸으로 분명하게 알지만 이것을 말과 글로 다른 이에게 전달해 주기란 몹시 어려운 것이다. 배우는 이가 동일한 경험을 해야만 그때야 비로소 가르치는 이의 말과 글 속에 담긴 비밀스러운 뜻을 깨닫게 되는 것과 비슷하다.

공부하는 이 가운데 자신의 공부 정도를 남에게 의지하여 확인하려 하는 경우가 왕왕 있다. 예를 들어 지도하는 사람의 승인이나 소위 깨달은 법맥의 스승들에게 인가를 구하는 것이다. 아니면 어떤 신비한 체험이나 놀라운 경험을 구하는 것도 마찬가지다. 이 공부는 스스로가 스스로를 납득시키지 못한다면 그 어떤 사람이나 경험을 통해서도 결코 만족을 얻을 수는 없을 것이다.

매일 매일의 삶이야말로 가장 잔인하면서도 자비로운 스승과 같아서 일상의 경계에서 공부의 힘을 얻지 못한다면 어찌 참으로 쉴 수 있을 것인가? 아무리 천 개의 태양이 뜬 것과 같고, 온몸이 텅 빈 허공처럼 사라지는 체험을 했다고 한들 당장 눈앞의 경계에서 흔들린다면 어찌 참으로 힘을 덜었다 할 수 있겠는가? 날마다 펼쳐지는 이 눈앞의 삶이야말로 진실로 그대로 드러나 있는 비밀이자 공부를 끝마칠 곳이다.

그 가운데로 뚜벅뚜벅 걸어 들어가는 것, 그것이 공부다.

29
공부의 과정

이 공부는 시간이 오래 걸리는 공부가 결코 아니다. 길어 봐야 한 1년 미만이다. 마음공부에 전혀 문외한인 사람도 한 1년 정도만 바른 가르침을 듣게 되면 별 어려움 없이 자기의 본래면목을 확인할 수 있다. 시간이 오래 걸린다는 것이 오히려 이상한 일이다. 자기가 자기 본래 모습을 보는 게 어째서 오랜 시간과 노력이 걸린다는 것인가? 10년, 20년 이 공부를 했는데도 아무 소식이 없다는 이들은 대부분 삿된 가르침에 경도되었거나, 자기의 한 생각을 스스로 돌아보지 못한 탓이다. 영리한 이라면 7일 만에도 깨달을 수 있다는 말이 결코 거짓이 아니다.

이 공부는 자기가 자기 문제를 해결하는 공부다. 따라서 무엇보다 공부하는 이의 태도와 자세가 중요하다. 무엇보다 진정한 자기 자신을 확인하겠다는 의지가 분명해야 한다. 흔히 발심을 해야 한다는 말이 그 말이다. 지적인 호기심이나 호사 취미가 아니라 자신도 알 수 없는 어떤 충동이 이 공부로 자신을 등 떠밀어야 한다. 그리고 눈 밝은 선지식을 만나야 한다. 바른 안목을 가지고 곧장 이 사실을 가리킬 수 있는 사람을 만나야 한다. 그리고 자신의 모든 선입견과 고정관념, 의지하고 있던 모든 곳에서 손과 발을 떼야 한다. 그리고 선지식이 가리키는 바를 최선을 다해 이해하려고 애써야 한다.

 그렇지 않고 세간의 상식을 따라 수행을 하여 깨달음에 도달하겠다는 생각으로 어떤 수행 방편부터 익힌다면 그 노력 때문에 오히려 깨달을 날은 멀어질 것이다. 수행을 한다는 것은 지금 여기를 부정하고 다른 어딘가를 지향하는 행위로서 하나는 부정하고 하나는 긍정하는 분별심이다. 그게 바로 생사심이다. 일어났다가 사라지는 마음의 허망한 움직임을 좇아 영원히 분별 속에서 헤맬 뿐 쉴 날이 없을 것이다. 공부는 어떤 수행의 방편을 반복적으로 익혀 지금과 다른 마음의 상태가 되면 깨달음을 얻는 그런 게임이 아니다. 오히려 전혀 그 반대다. 이제까지 그렇게 바깥으로 구하던 마음을 쉬는 것이다.

 깨달음이란 본래 나에게 없었던 새로운 의식의 상태나 능력을 얻고 성취하는 것이 전혀 아니다. 나에게 본래 갖추어져 있어서 전혀 애쓸 필요가 없는 당연한 것을 이제까지 돌아보지 못하다가 문득 되돌아보아 알게 되는 것이기에 '깨닫는다'고 이름한 것이다. 미운 오리 새끼가 수행과 노력을 통해 백조가 되는 것이 아니라, 자신이 오리라고 믿었던 착각이 부서지면서 본래 백조였음을 확인하는 것이다. 수행 방편 뒤에 숨어 자신을 방어하고 유지하려는 그 발버둥에서 서서히 놓여나기 시작할 때가 진짜 수행이다. 바른 가르침을 통해 자신의 잘못된 생각들이 떨어져 나가면 어느 순간 인식의 질적 변환이 찾아오는 임계점에 도달한다. 이른바 '아하!' 하는 순간이다. 그게 돈오다.

대단한 체험도 아니지만 그렇다고 알음알이도 아니다. 자신조차 이해할 수 없지만 한순간 이전과 다른 앎이 펼쳐진다. 스스로 이해할 수 없는 변화이기에 기존의 잘못된 지식으로 인한 의심이 일어날 수 있다. 그때 이미 그러한 과정을 겪은 이들의 지도를 받으면 스스로 자신의 변화를 납득하고 확신을 갖게 된다. 그래서 모종의 변화를 겪은 이들은 반드시 눈 밝은 선지식을 찾아가 마지막 의심을 해결하고 단련을 받아야 한다. 그러한 인식의 변환 (깨달음이란 말은 너무 많은 오해와 신화로 오염되어 있다) 이후 적어도 몇 년 이상은 혼란기 내지 과도기를 거친다. 그래서 돈오점수니 오후 보림이니 하는 말을 쓰기도 하지만 그런 것이 따로 있는 것이 아니다.

모든 혼란과 불명확함이 모두 자신의 착각이었음이 밝혀질 때 구경각, 최후의 깨달음이다. 비로소 돈오돈수임이 확실해지는 것이다. 처음에는 분별심에서 벗어나 둘 아닌 하나의 깨달음을 추구했다면, 나중에는 그 하나의 깨달음마저도 놓아 버리게 된다. 그렇게 완전하게 손을 털어 버려야 비로소 분별에도 걸리지 않고 무분별에도 걸리지 않아 온전히 한 덩어리를 이룬다. 더 이상 나아갈 곳도 물러설 곳도 없이 딱 그 자리다. 더 이상의 의심도, 더 이상의 추구도, 더 이상의 바람도 사라진다. 늘 이러했고, 늘 이러하고, 늘 이러할 것이다. 삶은 너무나 단순하고 투명하다.

30
아는 게 병이다 1

학식이 많고 영특한 사람 가운데 이 공부에 쉽게 들어오지 못하는 이들은 바로 그 많은 학식과 영특함이 걸림돌임을 깨닫고 스스로 내려놓기가 참으로 어렵다. 분석하고 예측하고 계량하는 지식의 특성상 자기도 모르게 어떤 선입견, 예단, 가설을 상정하거나, 공부와 관련한 많은 정보와 상식들을 보유하고 있어, 선지식이 어쩔 수 없이 말로 가리켜 보이는 가르침을 이미 자신이 가지고 있는 인식의 틀, 이미 알고 있는 것들에 비추어 받아들이기 때문이다.

괴테가 이런 말을 했다. "모든 이론은 회색이고, 영원한 것은 저 푸르른 생명의 나무이다."라고. 기지(既知)의 것을 가지고 미지(未知)의 것을 알 수는 없다. 이미 알고 있는 것은 더 이상 생명이 없는 것이다. 죽은 것, 화석화된 것, 박제화된 것이다. 아직 알지 못하는 것, 모르는 것이야말로 살아 있는 것이다. 그릴 수도 없고 본뜰 수도 없는 것, 잡을 수도 없고 얻을 수도 없는 것이다.

흔히 선에서 죽은 말(死句)을 참구하지 말고 살아 있는 말(活句)를 참구해야 한다 하는 말도 일맥상통이다.

이 살아 있는 물건은 마음으로도 가 닿을 수 없고, 말과 글로도 표현할 수 없다. 오로지 온몸으로 체득해야만 한다. 문득 스스로를 돌이켜 보는 체험이 와야 비로소 확신할 수 있는 것이다. 견해만으로는 뭔가가 부족하다. 그 부족한 뭔가가 하늘과 땅만큼의 차이를 만든다. 실물을 보고, 실물을 만지고, 실물을 맛보고, 스스로 실물 자체가 되어야 한다. 천지가 나뉘기 이전 뚜렷한 한 물건이 온갖 현상의 기틀이다. 크게는 우주 천체의 움직임에서부터 작게는 작은 세포 하나의 분열에 이르기까지 이것의 작용 아닌 게 없다.

바로 지금 눈앞에서 이렇게 살아 움직이고 있다.

31
아는 게 병이다 2

대개 지적인 훈련을 많이 쌓은 사람들이 흔히 맞닥뜨리는 공부의 장애가 두 가지 있다. 하나는 기존에 자신이 가지고 있는 관념, 알음알이에 가로막히는 것이고, 다른 하나는 생각으로 파악할 수 없는 사실을 습관적으로 개념적으로 구체화하여 파악하려는 버릇이다.

첫 번째의 경우, 자기가 가지고 있던 고정관념이나 기존의 상식과 부합하는 방편적 가르침은 실제로 그러한 법이 있는 것처럼 집착하고, 반대로 자신의 고정관념이나 상식과 상반되는 방편의 가르침은 쉽게 받아들이지 못하거나 부정하게 된다.

두 번째의 경우, 공부에 대한 그럴 듯한 개념과 이론을 세워 그러한 법, 진실이 있는 것처럼 따지고 토론하고 구조화한다. 모두 허공에 말뚝을 박으려는 짓인 줄 모르고 참된 진실은 간과한 그림 속의 떡으로 배를 채우려 하니, 자기도 속이고 남도 속이게 된다.

지식인들의 업보라 할 수 있는 이러한 장애를 극복하고 공부로 나아가는 유일한 길은 철저한 발심이다. 참된 진리, 나와 세상에 대한 분명한 이해를 얻기 위해서 기존에 가지고 있던 사량 분별을 과감하게 포기할 수 있는 용기가 있어야 한다.

말과 생각을 포기하고 도무지 어떻게도 손쓸 수 없는 곳에서 자신의 모든 기량이 와르르 무너지는 체험을 해야 한다. 이 공부에 대한 발심이 간절하다면 저절로 그러한 인연이 벌어져서 그러한 체험을 하게 된다. 그래서 믿음이야말로 공덕의 어머니라 하는 것이다.

말과 생각으로 도저히 나아갈 수 없는 곳에서 한번 말과 생각이 끊어지면 문득 온통 한 덩어리가 되는 체험을 하게 된다. 그 순간은 어떠한 말도 생각도 붙지 않기에 말 그대로 불가사의하다. 모두가 이른바 '그것' 하나여서 일체의 차별이 차별이 아니게 되니 그 역시 불가사의하다. 눈을 굴려 보는 것, 귀를 통해 듣는 것 하나하나가 전부 불가사의하여 신비롭고 경이롭다. 만법이 하나로 돌아간다는 사실이 분명해진다.

비록 만법이 하나로 돌아간다는 사실을 깨쳐 알았다 하더라도 그것을 하나의 진리, 법으로 만들어 세워서는 안 된다. 모든 시비 분별을 벗어난 적멸을 지켜서는 안 된다. 여전히 만법과 하나, 시비분별과 적멸로 나뉘어 있는 것이기 때문이다. 법이라는 테두리, 경계를 짓고 있기 때문이다.

어떤 말이나 느낌은 법에 가깝고 어떤 행동이나 감정은 법에서 벗어났다는 둥의 또 다른 분별에 빠져서는 안 된다. 그 법마저도 과감히 놓아 버려야 한다. 모든 것들을 다 탈락시켜 버린 뒤에 아무것도 남지 않은 그것만은 한계가 없다.

만법이 그대로 하나이고, 하나가 그대로 만법이다. 시비분별이 그대로 적멸이고, 적멸이 그대로 시비분별이다. 법과 법 아닌 것이 둘이 아니다. 따라서 만법도 없고, 하나도 없고, 시비분별도 없고, 적멸도 없고, 법도 없고, 법 아닌 것도 없다.

이렇게 확 트여야 비로소 세속이라는 티끌도 사라지고, 법이라는 티끌도 사라져 본래 청정한 바탕이 확연히 드러날 것이다. 그래야 옛사람들의 고칙 공안은 물론이고 일상사 두두물물로 드러나 있는 공안을 확철히 투과할 수 있을 것이다.

조급한 마음을 버리고 눈앞의 순간순간 간절한 발심으로 공부를 해 나가는 수밖에는 없다. 천 리 길도 한 걸음부터다. 시작도 한 걸음, 중간도 한 걸음, 마지막도 한 걸음이다. 한 걸음 뗄 때 이미 모든 것이 다 이루어져 있다.

32
아는 게 병이다 3

　조사의 선법을 격외선이라 이르기도 한다. 격(格) 바깥의 선, 격을 벗어난 선이란 말이다. 격이란 격식, 규범, 틀, 범주, 경계선을 말한다. 조사가 가리킨 선에는 그러한 격식이나 틀, 고정된 범주나 한계가 없다.

　흔히 지식인이라는 사람들, 지성인이라는 사람들의 장점이자 단점은 현상을 현상 그대로 살펴보기보다는 현상이 발생하는 구조나 체계 속에서 현상의 의미를 날카롭게 파악한다는 점이다. 그는 늘 평론하고 해석하는 입장에 서 있다. 제3자의 입장을 고수한다.

　따라서 그러한 훈련을 많이 받은 사람일수록 이 단순한 진실을 이해하고 수용하기가 어렵다. 뭔가 다른 뜻이 있지 않을까? 저게 도대체 무슨 의미지? 저 말과 저 행동 사이에는 어떤 숨은 뜻이 있는 걸까? 내가 이해하는 개념이 맞는 걸까?

그들은 끝없는 의심 속에 헤매지만, 정작 의심하는 자기 자신에 대한 성찰은 부족하다. 늘 객관적인 입장에서 있는 그대로 제시된 진실을 추상화하는 데만 골몰한다. 그들은 첫 단추를 잘못 끼운 것이다. 모든 것이 자기의 문제임을 간과하고 자기 바깥의 무언가를 더듬고 있다. 그러나 자기 바깥의 무언가는 없다. 그것은 오직 그 똑똑한 추상적 사고 속에만 있는 것이다.

그들의 초상이 궁금하다면 어릴 적 읽었던 이솝우화에 나오는 '여우와 신포도' 속의 여우를 떠올리면 된다. 몹시도 포도가 먹고 싶었으나 도저히 그것을 따 먹을 수 없었던 여우는 재빨리 자기 합리화를 한다. '저 포도는 시어서 맛이 없을 거야.' 그들은 진리가 그렇게 쉬울 것이라고는 믿을 수가 없다.

더군다나 그렇게 쉽다는 진리를 촌무지랭이 아낙도 아는데 자신은 도무지 뭐가 뭔지 몰라 어리둥절해한다는 사실을 받아들일 수가 없다. 그들은 진리보다 자신의 자존심이 더 중요하다. 그들의 지식, 그들의 교양이라는 것도 바로 그 알량한 자존심을 지키기 위한 갑옷에 불과하다. 그래서 그들은 '모른다'는 사실을 그렇게 부끄러워하고 두려워한다.

이런 헛똑똑이들은 죽었다 깨어나도 이해하지 못할 일이다. 진리는 특별한 것이 아니고 너무나 평범한 것이란 사실을. 진리는 우리가 숭배하고 찬양해야 하는 고상한 것이라기보다 매일 매일의 일상 가운데 똥 싸고 오줌 누는 일을 떠나지 않았다는 것을. 진리는 소유할 수 있는 것이 아니라 그저 존재하는 일이라는 것을.

하나만 알고 둘은 모르는 것이 문제가 아니라, 정작 둘만 알고 하나는 전혀 모른다는 것이 문제다.

33
알 수 없어요

 바람도 없는 공중에 수직(垂直)의 파문을 내며 고요히 떨어지는 오동잎은 누구의 발자취입니까?

 지리한 장마 끝에 서풍에 몰려가는 무서운 검은 구름의 터진 틈으로, 언뜻언뜻 보이는 푸른 하늘은 누구의 얼굴입니까?

 꽃도 없는 깊은 나무에 푸른 이끼를 거쳐서, 옛 탑(塔) 위에 고요한 하늘을 스치는 알 수 없는 향기는 누구의 입김입니까?

 근원은 알지도 못할 곳에서 나서 돌부리를 울리고, 가늘게 흐르는 작은 시내는 굽이굽이 누구의 노래입니까?

 연꽃 같은 발꿈치로 가이 없는 바다를 밟고, 옥 같은 손으로 끝없는 하늘을 만지면서, 떨어지는 해를 곱게 단장하는 저녁놀은 누구의 시(詩)입니까?

타고 남은 재가 다시 기름이 됩니다. 그칠 줄을 모르고 타는 나의 가슴은 누구의 밤을 지키는 약한 등불입니까?

— 한용운, 「알 수 없어요」

눈앞의 사물들이 보이고 온갖 소리와 소음이 들린다는 사실을 부정할 수는 없다. 그러나 그 모든 것들을 보고 듣는 자가 누구인지는 도무지 알 수가 없다. 보이고 들리는 것들이 모두 하나의 대상에 불과하듯 보고 듣는 자가 따로 있고 그를 알 수 있다면 그 역시 똑같이 하나의 인식 대상에 불과한 것이다.

이 안다와 모른다를 초월한 알 수 없음이야말로 대도(大道)의 문 없는 문이다. 이 본원적인 알 수 없음, 현묘하고도 현묘한 도(道)의 근원이 바로 화두다. 이 화두 의정에서 모든 대립, 분별, 차별, 갈등이 녹아난다.

깨달음은 또 다른 앎의 상태가 아니다. 안다와 모른다의 굴레에서 자재한 것이 깨달음이다. 마치 거울이 대상을 비추듯 아는 것도 아니고 모르는 것도 아니다. 이 알지 못함이야말로 참된 무심(無心), 참된 무념(無念), 참된 무주(無住), 참된 무상(無相), 참된 무아(無我)이다. 아무런 모자람 없이 지금 눈앞에서 작용하는 이것을 어찌 알 수 있으며 어찌 모를 수 있으랴.

34
어떤 솜씨도 부리지 마라

화두를 들든, 설법을 듣든, 이 공부에서는 '자기가 무엇을 어떻게 해 보려는 것'이 가장 큰 장애물이다. 깨달음은 이미 완성되어 있다. 나의 본래면목이 깨달음 자체이다. 따라서 찾을 것이 없고 구할 것이 없다. 그러나 역설적이게도 그것을 찾아 구해서 확인하지 못한다면 본래 깨달아 있다는 말은 한낱 허망한 이론, 이상에 불과하다. 그래서 찾아 구해야 하지만 정작 주어지는 가르침은 어떤 솜씨도 부리려고 하지 말라는 것이다.

가만히 있어라. 생각을 쉬어라. 망상하지 마라. 이것이 가장 친절하고 직접적인 가르침이다. 우리의 분별심, 우리의 에고가 가장 견디기 힘들어하는 가르침이다. 뭐라도 좋으니 뭔가 할 일, 수행 방편을 원하는 것이 바로 분별심, 에고다. 분별심, 곧 에고는 그렇게 어떠한 대상을 향한 노력을 통해 끊임없이 자신을 확인하며 살아남을 수 있는 것이다. 그런데 아무것도 하지 말고 가만히 있으라는 것은 분별심과 에고에게는 사형 선고나 다름없다.

그러나 그러한 가르침을 믿고 따르면 마치 넋이 나간 사람, 살아 있는 송장 같은 경계에 다다른다. 애를 써서 도달한 것이 아니라 그저 생각을 쉬고 어떠한 것도 좇아가지 않으면 저절로(물론 선지식의 올바른 가르침과 꾸준한 문답이 필요하다) 그런 상태에 도달하게 된다. 그때 분별심은 답답하고 미칠 것 같은 상태에 빠진다. 그래서 십중팔구는 거기에서 물러나와 뭔가 '적극적인 활동'을 하려고 한다. 그것이 추구하는 마음, 헐떡거리는 마음을 쉬지 못하는 것이다. 망상만 쉴 수 있으면 곧 깨달음인데, 대부분의 사람들은 그 구하는 마음을 쉬지 못하고 속아 넘어간다.

알 수 없는 상태, 뭔가 있지만 뭐라고 딱 꼬집어 낼 수 없는 상태에 가만히 있는 것이 공부다. 억지로 그렇게 만드는 것이 아니라 생각을 분별하여 얻거나 구할 수 없다는 사실이 스스로에게 자명해지면 저절로 그러한 알 수 없음, 생각으로 나아갈 수 없음에 들어간다. 바로 그곳이 상호 대립하는 개념들, 분별심이 블랙홀처럼 빨려 들어가 사라지는 곳이다. 치성하던 분별심이 잠시 힘을 잃고 있으면 생각과 상관없이 본래 뚜렷이 있던 것이 스스로 드러나는 인연을 만난다. 그것이 깨달음이지만, 새로 뭔가를 얻거나 알게 된 것이 아니라 이미 있었던 것을 새삼 확인하게 되는 체험일 뿐이다.

35
호랑이는 없다

이 공부를 함에 있어 가장 장애가 되는 것은 생각, 곧 분별을 가지고 공부를 지어 가려 하는 것이다. 현실과 공부를 스스로 분별하여, 현실의 생활과 수행을 따로 떼어 놓거나, 현실이 공부에 방해가 된다고 여겨서 공부 속으로 도피하려 한다. 시끄러운 경계와 고요한 경계가 객관적으로 따로 있다고 여겨서 시끄러운 경계를 피하고 고요한 경계에 머물고자 한다. 이 모든 것이 다 망상분별이다.

모든 것이 둘 아닌 도리는 초심자들이 가장 삼키기 힘든 것이다. 현실과 공부가 따로 있는 것이 아니다. 시끄러움과 고요함이 둘이 아닌 것이다. 이 둘 아닌 도리를 깨닫지 못하면 바로 지금 여기에서 맞닥뜨리는 모든 인연 하나하나가 있는 그대로 진리의 현현이 될 수 없다. 따라서 인연에 따라 있는 그대로를 받아들일 수 없게 되는 것이다. 자신의 분별 망상에 속아 어떤 인연은 집착하고 어떤 인연은 저항하면서 스스로 고통을 만들어 낸다.

만법이 하나로 돌아가는 소식을 이 자리에서 바로 보라. 눈앞의 다양한 경계와 소리, 느낌과 생각, 감정이 도대체 무엇인가? 아는 자와 아는 대상과 앎이 나누어져 있는가? 어디까지가 아는 자이고, 어디까지가 아는 대상이고, 어디까지가 앎인가? 그 경계가 있는가? 그저 하나의 소식 아닌가? 생각을 통해 보면 이 직접적인 것이 여러 가지로 나뉜 것처럼 보이지만, 그저 단순하게 바라보면 허공에 구름이 일어났다 잠시 머물다 사라지는 것과 무엇이 다른가?

보이는 대상은 오고 간다. 들리는 대상도 오고 간다. 생각도 쉴 새 없이 오고 간다. 느낌도 시시때때 달라진다. 감정도 이리저리 변화한다. 그러나 그 모든 대상경계의 오고 감, 변화와 상관없이 늘 여여한 것이 있지 않은가? 크기도 없고, 모양도 없고, 어떤 흔적도 없지만 그 모든 대상경계의 무상한 변화가 일어나는 배경 무대와 같은 이 무한한 것을 돌아보라. 마치 꿈속의 나와 다른 인물과 그들이 사는 세상과 그들이 벌이는 사건이 온통 전체로서 하나의 꿈, 의식의 작용이듯이, 바로 지금 여기 눈앞에 펼쳐진 모든 것 역시 그러하다. 이 거대한 꿈에서 깨어나면 모든 현상이 있는 그대로 현상 아님을 알 것이다.

이 둘 아닌 도리, 불이법문을 깨쳐야 현실과 이치에 걸림이 없고, 참된 해탈과 생사의 문제를 해결할 수 있다. 오랫동안 선정을 닦아 마음을 고요하게 만든 다음 적멸을 이루어 해탈을 성취하고 생사를 초월하는 게 아니다. 본래 두 가지 물건이 없음을, 본래 한 물건도 없음을 깨우쳐 자신이 발 딛고 선 자리에서 문득 일을 마치는 것이다.

따라서 이 공부를 하는 사람은 굳은 발심을 하고 자신이 서 있는 곳에서 결판을 내야 한다. 바로 지금 그 자리에서 자신을 포함한 모든 것들의 실체를 단박에 꿰뚫어 보아야 한다. 이리저리 눈동자를 굴리고 생각으로 헤아려 알려 하면 어긋난다. 진정한 의문을 일으켜 그 의문 속으로 녹아들거나 눈 밝은 이를 만나 의심나는 것을 물어야 한다.

그러다 문득 시절 인연이 닿으면 '아~!' 하는 한 마디 끝에 이 당연한 사실에 눈 뜨게 되는 것이다. 복잡하고 어려운 과정이 있는 것이 결코 아니다. 스스로 깨달아 스스로 긍정하지 못한다면 이 일은 무한한 세월이 흘러도 해결할 수 없다. 번뇌를 두려워 말고 그것의 실체를 알아차리지 못하는 것을 두려워할 일이다.

어두운 산속에서 맨손으로 사나운 호랑이를 만났다. 마땅한 무기도 없고 도망갈 길조차 없다. 온몸이 떨리는데 바로 앞에서 푸른 불덩이 같은 호랑이의 눈이 움직인다. 살아날 길은 정신을 똑바로 차리고 호랑이가 덮쳐 올 때 그 눈을 손가락으로 찌르는 수밖에 없다. 오직 살아야겠다는 일념으로 두려움을 누르고 호랑이의 움직임에 집중한다. 호랑이가 덮치는 순간 망설임 없이 일격에 호랑이의 눈을 찌른다. 그 순간 문득 꿈에서 깨어난다. 본래 호랑이는 없었다.

36
상식에 의문을 던져라

 이 공부가 왜 어려운가? 그것은 우리의 일반적인 상식과 이 공부가 가리키는 것이 정반대이기 때문이다. 예를 들어, 주관과 객관, 나와 너가 분명 따로 있는 것이 우리의 일반적 감각이다. 그런데 자타불이(自他不二)라고 가르친다. 삶과 죽음이 분명히 있는 것 같은데, 불생불멸(不生不滅)이라 가르친다. 시간 공간이 엄연히 존재하는 것 같은데, 언제나 늘 바로 지금 여기뿐이라고 한다. 삼라만상이 제각각 있는 것 같은데, 모두가 마음 하나라고 한다. 간단히 요약하면, 보통의 상식은 모든 것을 둘로 나누어 보는 상대적 관점인데, 이 공부에서 가리키는 것은 둘 아닌 절대이다.

 그런데 문제는 대부분의 사람들이 자신들의 상식을 돌아볼 생각은 잘 하지 않는다는 점이다. 자신들의 상대적 관점은 의심도 해 보지 않고 그와 같은 관점에서 의문을 일으키고 공부를 지어 가니 하면 할수록 본래의 목적과는 더욱 멀어지는 이상한 현상이 벌어지는 것이다. 마음공부의 핵심은 이제까지 몰랐던 어떤 진리를 이해하거나, 없었던 체험을 하거나, 놀라운 깨달음을 얻는 것이 아니다. 오히려 이제까지 아무 의심 없이 당연하다고 여겼던 사실들이 전혀 당연하지 않은 허상, 망상이었다는 사실을 확인하는 것뿐이다. 그것이 진정한 깨달음이다.

공부를 어떻게 해야 깨달을 수 있을까? 아주 당연해 보이는 이러한 질문이 사실은 어불성설이다. 바로 그러한 의문이 참된 깨달음을 가로막고 있다는 사실을 본인만 알지 못하고 있는 것이다. 공부를 어떻게 해야 하느냐 하는 의문 속에는 공부가 따로 있다는 무의식적 전제가 깔려 있다. 예컨대 손을 올리고 발을 움직이고 옷 입고 밥 먹는 이 단순한 일상사는 뭔가 공부가 아닌 것 같다는 생각이 있는 것이다. 그래서 화두를 해야 하느냐, 다른 무엇을 해야 하느냐 묻는 것이다.

우리의 성품이란 것이 죽은 뒤에도 있느냐 없느냐, 끊어지느냐 이어지느냐 하는 의문 역시 그러한 성품과 같은 것이 있다는 전제가 먼저 있다. 역시 망상이다. 자신의 무의식적인 전제를 전혀 의심하지 않는 것이 가장 큰 장애물이다. 그래서 이 공부는 혼자 하기보다는 먼저 이 공부를 경험한 사람의 지도를 받는 것이 수월하다. 마치 경험 많은 트레이너나 코치에게 운동을 배우는 것과 같다. 그의 풍부한 경험에서 나온 한 마디 말, 한 동작이 자신이 미처 생각하지 못하고 살피지 못했던 자신의 문제점을 해결해 줄 수 있는 것이다.

이 공부는 별로 어렵지 않은 공부다. 특별히 할 것도 없는 게 공부다. 왜냐? 이미 이렇게 이루어져 있는 것이기 때문이다. 무엇을 새롭게 얻을 것도 없고, 배울 것도 없고, 체험할 것도 없다. 그 뭔가를 구하는 한 생각, 뭔가를 얻어야 하고, 알아야 하고, 체험해야 한다는 자신의 무의식적 전제를 살펴볼 수 있다면 그게 공부다. 지금 누가 무엇을 왜 구하고 있는가?

모든 것을 둘로, 조각조각 나누어 놓은 스스로를 돌아보는 것이 공부일 뿐이다. 둘이 당연히 존재한다는 무의식적 전제 위에서 아무리 의식적으로 그 둘로 조각난 것들을 맞추어 보려고 해도 온전히 한 덩이를 만들 수는 결코 없다. 애초부터 분리되지 않은 하나였는데 스스로가 허망한 분별 망상으로 그것들을 천차만별로 나누어 놓은 것이라는 게 모든 성현들의 가르침이다.

그 분별심, 그 생사심, 그 망상이 한 번 무너지는 순간이 바로 깨달음이다. 그 순간의 느낌, 체험은 황홀할 수도 있고, 단순한 '아~!'일 수도 있다. 그러한 부수적인 체험들은 결코 중요한 것이 아니다. 깨달음의 순간에도 스스로에게 속을 수가 있다. 깨달음을 통해 드러나는 진실은 결코 대상화할 수 없다. 깨달음은 어떤 앎, 체험이 아니다. 상대적 관점이 허망한 망상 분별이었음이 드러나는 순간 절대가 현현된다.

 조심할 것은, 절대가 현현되는 순간에 그것을 경험하는 자도, 경험의 대상도 없다. 흔히 '생각이 끊어진다, 앞뒤가 끊어진다, 무아경에 빠진다'라고 그것들을 대상화하여 표현하지만 모두 쓸데없는 말이다. 오히려 그러한 표현들이 사람들을 더욱 미혹하게 만든다. 이것은 알 수 없고 체험할 수 없는 일이다. 그럼에도 분명 알 수도 있고 체험할 수도 있다. 말로는 이렇게밖에 할 수 없다.

 옳다/그르다, 있다/없다, 좋다/나쁘다, 이런 식의 상대적 관점에 제한되어 있는 한 이 사실을 확인할 수 없다. 이해를 통해서 이 문제를 해결할 수 없는 까닭이 그것이다. 우리가 알 수 있는 것은 언제나 부분적인 것들뿐이다. 전체, 둘 아닌 하나는 절대로 알 수 없다. 아는 자와 아는 대상이 사라지기 때문이다. 결정적인 증거를 제시해 달라는 요구는 그래서 불가능한 주문이다. 어이없겠지만 그대가 이 문제를 해결하는 순간, 믿고 싶지 않아도 결코 부정할 수 없는 증거들이 눈앞에 가득할 것이다.

 온갖 변화하는 대상 속에 결코 변하지 않는 것이 바로 지금 눈앞에 버젓이 있다. 지금 이 글을 볼 때 보는 자신도, 보이는 종이 위의 글자도, 주위의 환경도, 오감과 생각마저 지워 버린다면 무엇이 남을까?

37
몰입과 은총

 이 공부는 오직 알 수 없는 하나에 온전히 몰입해 들어가는 것이 첩경이다. 기존에 알고 있던 모든 것이 이 공부에 전혀 쓸모없다는 사실을 느낀다면 비로소 공부할 자세가 된 것이다. 화두를 들든, 설법을 듣든, 관법을 하든, 결국 알 수 없는 하나, 꽉 막혀 더 이상 나아갈 수 없는 자리를 만나게 된다. 그곳이 바로 공부처이다. 앞으로 나아갈 수도 없고 뒤로 물러날 수도 없는 애매하고 답답한 상황이 공부이다.

 분별하는 의식이 힘을 쓸 수 없는 지경에 이르게 되면, 자신도 모르는 사이에 문득 이 하나의 사실이 드러나게 된다. 전혀 예상하지 못했던 일이 벌어지는 것이다. 그때서야 비로소 모든 의심이 풀리면서 빙그레 미소 지으며 고개를 끄덕이게 되는 것이다. 스스로만 알 뿐 다른 사람은 알 수 없는 것이다. 오직 이 공부에 대한 간절한 열망 하나만을 의지하여 성실하게 공부할 때 은총처럼 깨달음이 찾아오는 것이다. 공(攻)을 들이는 것이 공부다.

38
오도송

　보내 주신 게송을 자세히 살펴보니 앞날에 보내 주신 두 게송 보다는 낫습니다. 그러나 이것으로 게송 짓는 것은 그만두는 것이 좋겠습니다. 게송이나 이리저리 짓고 있어서야 어떻게 깨달아 이참정과 같아지기를 기약하겠습니까? 그분이 어찌 게송을 지을 줄 모르겠습니까만 무슨 까닭에 한 글자도 짓지 않는 것일까요? 법을 아는 자가 두려울 뿐이니, 간혹 털끝만큼이라도 드러내면 저절로 저의 가려운 곳을 긁어 줍니다. 예컨대 이참정이 지은 출산산송에서 "사람을 만나는 곳마다 얼굴을 보자마자 속이네."라는 구절은 총림에서 눈을 뜨게 하는 약이라 할 만합니다. 공께서 뒷날 스스로 볼 수 있게 되시면 저의 설명이 필요 없을 것입니다.

-『서장』,「강급사 소명에게 보낸 답장」에서

　게송 짓는 것으로 공부를 삼는 폐단이 오늘날까지 이어지고 있다. 소위 오도송(悟道頌)이라는 것을 가지고 사람의 공부를 가늠하는 경우까지 있으니 어쩌다 선문(禪門)이 이리 되었는지 모르겠다. 한문세대가 아닌 오늘날의 재가 공부인들 가운데서도 시도 아니고 뭣도 아닌 글을 써서는 오도송이네, 그것으로 스승에게 인가 받았네, 자랑스레 내세우는 경우도 보았다. 공부는 입 한 번 뻥끗 하기 이전에, 글자 한 획 쓰기 이전에 본래 완성되어 있거늘 어찌 사량 분별로 지어낸 교묘한 말마디로 드러낼 수 있겠는가? 어리석고 어리석다. 진실로 법을 아는 사람이라면 이를 두려워해야 한다.

깨달음을 가지고 사기를 치지 말라. 이미 깨달음 자체가 사기다. 밝은 대낮에 버젓이 두 눈 뜨고 있는 사람들이 속고 있는 것이 깨달음이다. 자기가 자기에게 속고 있으니 사기 당하는 줄 전혀 모른다. 자신과 자신의 삶 전체가 사기다. 오직 스스로 깨달아야만 스스로 사기 당했음을 비로소 안다. 부처와 조사가 나를 속였고, 내가 나를 속였다. 그러나 희한한 일은 속은 줄 알게 되면 빙긋 웃음이 나온다는 사실이다. 속은 줄 모르고 있는 이들은 죽을상을 쓰고 있는데, 자신이 완전하게 속았음을, 엄청난 사기를 당한 줄 깨달은 이는 박수를 치며 껄껄 웃게 되는 것이다.

스스로 한 번의 웃음 속에 모든 의심을 내려놓지 못하면 이 또한 속이는 말이 되리라.

39
깨달음의 레시피

깨달음을 요리하기 위한 레시피는 사람마다 자기 나름의 비법을 가지고 있다. 다음은 내 나름대로 정리한 나만의 레시피다.

1. 깨달음을 요리하기 위해 가장 중요한 것은 무엇보다도 깨달음에 대한 욕망, 의지, 욕구, 충동이다. 이를 흔히 발심(發心 - 발보리심)이라 한다. 이것이 이 요리의 기본 바탕이다. 발심이 견고하고 치열할수록 이 요리에 걸리는 시간이 절약될 뿐만 아니라 요리의 완성도를 높여 준다.

발심은 흔히 삶의 불만족, 고통에서 파생하는 경우가 많다. 물론 삶과 죽음에 대한 근원적인 의문에서 출발하는 뛰어난 근기도 있다. 그러나 대부분 제 뜻대로 되지 않는 삶의 문제들에서 벗어나기 위한 노력에서 시작되는 경우가 일반적이다.

2. 발심이 되었다면 가장 먼저 스승이 될 만한 사람을 찾아야

한다. 가끔 책이나 인터넷 등과 같은 여러 매체를 통한 지식과 정보를 바탕으로 스스로 수행을 통해 깨달음을 얻으려는 사람들이 많다. 그러나 노우-하우(Know-How)는 책과 같은 매체보다 나의 여러 의문에 능동적으로 반응할 수 있는 살아 있는 사람과의 소통을 통해 배우는 것이 가장 빠르고 정확하다. 홀로 공부하는 경우보다 많은 시간과 노력을 절약할 수 있기에 스승을 찾는 일이 이 요리의 성공 여부를 가늠할 수 있는 가장 중요한 요소이다.

흔히 누가 스승인지 어떻게 알 수 있느냐고 묻는 사람들이 있다. 누구든 자기보다 조금이라도 나은 듯한 사람이 있다면 머리를 조아리고 찾아가 배워라. 발심이 제대로 되었다면 자신에게 필요한 스승을 만나게 된다. 스승은 외부에 객관적으로 존재하는 대상이 아니다. 내가 충분히 준비되어 가르침을 들을 준비가 되었을 때 자연스럽게 스승이 나타나기 마련이다.

3. 스승을 만났다면 적어도 1년 이상 그의 말에 귀를 기울여라. 자신의 의지, 생각, 판단을 잠시 접어 두고 그의 언행을 진정으로 이해하기 위해 최선의 노력을 다하라. 여기서 공부의 성패를 좌우하는 요소는 성실함과 꾸준함, 인내심이다. 적어도 1주일에 한 번 이상은 그와 만나라. 연애를 해 본 사람은 알 것이다. 만남의 빈도에 따라 애정의 강도가 높아져 간다. 마찬가지로 그와 자주 접촉하면 접촉할수록 서서히 나 자신에게 변화가 찾아온다.

스승을 하나의 숭배의 대상으로 오해하여 그의 꼭두각시 노릇을 하거나, 미숙한 의식의 소유자인 경우 그를 불완전한 자신의 의지 대상으로 삼아 자신의 욕망과 무의식을 투사하는 경우가 있다. 스승과 제자 사이에는 일종의 긴장감이 있어야 한다. 스승 앞에서 제자는 마치 벌거벗은 듯한 느낌으로 자신을 되돌아볼 수 있어야 한다. 따라서 스승과 지나치게 인간적 허물이 없는 사이가 되어서는 안 된다. 스승은 불과 같아서 너무 가까이 가면 상처받고 너무 멀리 떨어지면 효과가 없다.

4. 제대로 된 스승과의 만남이 지속되면 반드시 알 수 없는 혼돈과 혼란 속에 빠져들게 된다. 스승의 역할이 바로 그러한 상황으로 제자를 밀어 넣는 것이다. 제자가 모르는 지식이나 정보, 신비한 체험이나 상태를 주는 것이 아니라 제자가 기존에 의지해 오던 모든 대상들을 부서뜨리는 게 스승의 역할이다.

한 사람의 스승을 갖는 사람도 있고 인연 따라 여러 스승을 전전하는 사람도 있다. 모두 자신의 발심과 노력 여하에 따라 달라진다. 그러나 결국엔 자신의 의도와 노력으로는 어떻게도 해 볼 수 없는 상황에 도달하게 된다. 실제로 이 요리는 바로 이 지점에 도달해야 비로소 제대로 된 것이다. 어떻게도 자신의 기량을 펼칠 수 없는 답답한 상황, 제 스스로 자신을 되돌아볼 수 없는 꽉 막힌 상황에 자기도 모르게 떨어져야 한다.

5. 오도 가도 못하는 답답한 상황에 빠져 있다가 자신도 모르게 한 인연, 한 경계에 그만 그 상황이 순간적으로 사라지면서, 마치 꿈에서 깨어난 듯 눈앞이 선명해지는 체험이 찾아온다. '아하!' 하며 문득 모든 것이 분명해지면서 속이 시원해지는 경험을 하게 된다. 이것을 흔히 '통 밑이 빠진다', '백이십 근의 짐을 내려놓은 것 같다', '청량산(解熱劑)을 먹은 것 같다', '물통의 테두리가 터졌다', '칠통이 타파되었다' 등등의 말로 표현한다.

궁하면 통한다. 통하는 것이 도다. 즉 도통(道通)이다. 문득 생각의 틀, 관념의 껍질이 타파되면서 해방감을 느낀다. 흔히 입문의 경험은 대다수 이와 같다. 이러한 체험을 하게 되면 반드시 스승의 점검을 받아야 한다. 아직 설익거나 완성이 되지 않은 경우가 십중팔구가 아니라 십이면 십이기 때문에 여기서 마지막 처분을 받아야 요리를 완성할 수 있다.

6. 이러한 체험을 하고 그 후에 발생할 수 있는 여러 착각이나 오류에 대한 스승의 지도를 충분히 받아야 한다. 깨달음 뒤의 공부를 제대로 탁마 받아야 한다. 스스로 시간적 여유를 두고 자신의 공부를 잘 살펴보고 '마지막 의심'을 해결해야 한다. 이 부분이 제일 미묘하고 이해하기 어려워 초보 요리사들이 줄줄이 실패하는 곳이다.

일단 요리가 겨우 제 모양을 갖추게 되었다면 이제부터 정말 이 요리의 진수를 배울 수 있게 된 셈이다. 여러 다른 요리사들의 요리 맛을 음미하며 자신의 요리를 더욱 섬세하게 다듬어 나갈 수 있다. 요리사들마다 제 나름의 풍격을 가진 요리와 레시피를 가지고 있으니 이때부터 소통과 교류를 통해 자신의 요리를 발전시켜 나갈 수 있다.

7. 인연이 된다면 다른 사람에게 자신의 요리를 맛보게 할 필요도 있다. 자기 혼자만의 만족을 위한 것이 아닌 다른 사람들의 허기와 건강을 해결해 줄 수 있는 요리가 될 수 있도록 세상에 나와 요리를 만들어 보아야 한다.

40
당신이 삶을 산 적이 있는가?

당신이 삶을 산 적이 있는가?

당신이 숨을 쉰 적이 있는가?

당신이 사물을 본 적이 있는가?

당신이 소리를 들어 본 적이 있는가?

당신이 어떤 감정을 느껴 본 적이 있는가?

당신이 어떤 생각을 해 본 적이 있는가?

당신은 단 한 번도 삶을 산 적이 없다.
그저 삶이 이어지고 있을 뿐이다.

당신은 단 한 번도 숨을 쉬어 본 적이 없다.
그저 숨이 쉬어지고 있을 뿐이다.

당신은 단 한 번도 사물을 바라본 적이 없다.
그저 보는 일이 있을 뿐이다.

당신은 단 한 번도 소리를 들어 본 적이 없다.
그저 들리는 일이 있을 뿐이다.

당신은 단 한 번도 감정을 느껴 본 적이 없다.
그저 감정이 일어났다 사라질 뿐이다.

당신은 단 한 번도 생각을 해 본 적이 없다.
그저 생각이 스스로 왔다가 갈 뿐이다.

모두가 그럴 뿐이다.
이를 일러 여여(如如)라 할 뿐이다.

그럴 뿐이다.

41
죽음에 대하여

며칠 전 가까운 친인척 가운데 한 분이 돌아가셨다. 갑작스레 사랑하는 이를 잃은 유족 가운데 한 분을 위로해 드리면서 많은 생각을 해 보았다.

그분이 물었다. 그이의 육체는 비록 죽었지만 그이의 영혼은 남아 지금 우리 곁에서 모든 것을 보고 듣고 하지 않느냐고.

나는 말했다. 우리는 이 육체를 기준으로 나와 남을 갈라 서로 독립적으로 존재한다고 믿지만, 사실 우리는 나와 남이 따로 있지 않다고.

사람들 사이에서만 나와 남이 없는 게 아니라, 눈앞에 펼쳐진 다양한 사물들과 자연, 시간과 공간마저 우리와 따로 떨어져 있는 것이 아니라고.

모든 것이 각각 있는 그대로 하나의 전체라고. 그러므로 겉보기에는 하나의 구별된 육체와 개성을 가진 한 사람이 죽었다 하지만 그런 일은 없다고.

우리는 내가 있다고 믿기에 나 아닌 그도 나와 같이 존재한다고 믿지만, 실은 나와 그, 나와 세상은 그저 서로 인연에 따라 있는 듯 보이는 허깨비와 같다고.

따라서 태어나는 것도 실제는 태어나는 것이 아니고, 죽는 것도 사실은 죽는 것이 아니라고. 그런 일은 있지만 없는 것이라고. 그저 꿈같고 환상 같은 것이라고.

예상대로 그분은 나의 말을 전혀 이해하지 못하겠다고 하였다. 물론 이해할 수 있으리라 믿어 그런 말을 한 것은 아니었다. 그러나 이해를 하든 못 하든 그것이 진실이다.

값싼 동정의 말을 모르는 바는 아니었으나 그런 거짓 위로를 해 드릴 수는 없었기 때문이다. 오직 진실만이 허망한 분별 속의 슬픔에 빠진 이를 구원할 수 있기 때문이다.

바깥에 보이는 다른 사람의 죽음을 따라가지 마라. 탄생과 죽음은 저 바깥에 있는 객관적인 현상이 아니다. 생사의 뿌리가 바로 지금 눈앞에 우뚝하다.

하늘과 땅이 나와 더불어 한 뿌리고, 온갖 사물들이 나와 더불어 한 몸이다. 꿈속의 삶도, 꿈속의 죽음도 모두 꿈일 뿐이니, 본래 산 바도 죽은 바도 없는 것이다.

언젠가 그분도 이 사실을 깨달으리라 믿는다. 본래 그이와 만난 적도 헤어진 적도 없다는 사실에 참된 위로와 안식을 얻으리라 믿는다.

바람이 불고, 비가 내리고, 다시 계절이 바뀐다. 그저 그럴 뿐이다.

후기

故 훈산 박홍영 거사님과 김태완 선생님의 법은(法恩)에 감사드린다. 자신의 미혹을 스스로 돌아볼 수 있도록 해 주신 춘식 큰스님께 삼배 올린다. 도반이자 또 다른 스승인 아내 순희에게도 고마운 뜻을 전한다.

모든 함이 있는 법은
꿈 같고, 환상 같고, 물거품 같고, 그림자 같고,
이슬 같고, 또한 번갯불 같으니
마땅히 이와 같이 보아야 한다.

| 상세차례 |

1. 이야기, 꿈같고 환상 같은

01. 광인(狂人)과의 만남 13
02. 길을 찾아 나서다 19
03. 선지식을 만나다 23
04. 거사님 27
05. 절망 30
06. 시계 소리 35
07. 체험 이후 39
08. 혼란 42
09. 불이 44

2. 언제나 항상 이 자리

01. 무얼 찾고 있는가? 51
02. 분리와 통합 55
03. 이 아무것도 아닌 것이 60
04. 이 일 64
05. 눈앞을 떠난 적이 없다 66
06. 극장의 비유 71
07. 꿈과 깸이 둘 아니다 73
08. 한 맛 76
09. 진정한 좌선 79
10. 선정(禪定) 83
11. 조사(祖師)의 도(道) 87
12. 바로 보라 89
13. 단 하나의 의문 91
14. 여기 이렇게 있다 93
15. 허벅지를 꼬집어라 97
16. 나는 누구인가? 101
17. 이미 있는 것 104
18. 사람을 만나라 107
19. 선지식을 찾아라 109
20. 벌거벗은 임금님 112
21. 듣는 자는 말이 없다 115
22. 바로 이것! 117
23. 백척간두진일보 122
24. 생각 속에는 답이 없다 125
25. 선의 언어 130
26. 수행과 깨달음 135
27. 얻을 수 없음 142
28. 내가 컵을 보고 있는 게 아니다 146
29. 참 마음과 거짓 마음 1 150
30. 참 마음과 거짓 마음 2 153
31. 참 마음과 거짓 마음 3 158
32. 가짜 나와 진짜 나, 그리고 오매일여 160
33. 무경계 1 164
34. 무경계 2 166
35. 깨달음의 입구 169
36. 영적 유물주의를 넘어서 172

3. 있는 그대로

01. 진정한 체험 77
02. 체험에 대한 환상 180
03. 깨달음 전후의 미혹 184
04. 큰 깨달음으로 최후의 관문을 삼아라 188
05. 깨달음의 체험은 필요한가? 191
06. 체험 후의 혼란 1 195
07. 체험 후의 혼란 2 197
08. 체험 후의 혼란 3 200
09. 오후사(悟後事) 204
10. 체험, 해오(解悟), 증오(證悟) 208
11. 0°에서 360°, 원래 그 자리 211
12. 닦을 것 있음과 닦을 것 없음 214
13. 훈습의 중요성 216
14. 소태산 박중빈의 소 기르는 공부 218
15. 깨달음 뒤의 공부 223
16. 깨달음의 비상구 226
17. 본래의 상태 1 228
18. 본래의 상태 2 231
19. 있는 그대로 233
20. 자기 235
21. 눈앞을 보라 237
22. 지극히 묘한 불법 240
23. 공개된 진실 243
24. 이 사실 245
25. 본래 하나 247
26. 절대 불이 249
27. 소를 타고 소를 찾는다 251
28. 공부의 길 253
29. 공부의 과정 256
30. 아는 게 병이다 1 260
31. 아는 게 병이다 2 262
32. 아는 게 병이다 3 265
33. 알 수 없어요 268
34. 어떤 솜씨도 부리지 마라 270
35. 호랑이는 없다 272
36. 상식에 의문을 던져라 276
37. 몰입과 은총 280
38. 오도송 281
39. 깨달음의 레시피 283
40. 당신이 삶을 산 적이 있는가? 288
41. 죽음에 대하여 290

깨달음, 열 번째 돼지 찾기

초판 1쇄 발행일 2015년 5월 29일
　　2쇄 발행일 2025년 7월 21일

지은이 심성일
펴낸이 김윤
펴낸곳 침묵의 향기
출판등록 2000년 8월 30일, 제1-2836호
주소 10401 경기도 고양시 일산동구 무궁화로 8-28,
　　삼성메르헨하우스 913호
전화 031) 905-9425
팩스 031) 629-5429
전자우편 chimmukbooks@naver.com
블로그 http://blog.naver.com/chimmukbooks

ISBN 978-89-89590-51-4 03220

* 책값은 뒤표지에 있습니다.